有趣的金钱

人生第一堂理财课

姜立涵————著

中国出版集团
中译出版社

图书在版编目（CIP）数据

有趣的金钱：人生第一堂理财课 / 姜立涵著 . -- 北京：中译出版社 , 2022.4
ISBN 978-7-5001-7058-7

Ⅰ . ①有… Ⅱ . ①姜… Ⅲ . ①金融投资—青少年读物 Ⅳ . ① F830.59-49

中国版本图书馆 CIP 数据核字（2022）第 049975 号

有趣的金钱：人生第一堂理财课

著　　者：姜立涵
策划编辑：于　宇　薛　宇
责任编辑：于　宇
文字编辑：薛　宇
营销编辑：吴一凡　杨　菲

出版发行：中译出版社
地　　址：北京市海淀区新街口大街 28 号普天德胜科技园主楼 4 层
电　　话：（010）68002494（编辑部）
邮　　编：100088
电子邮箱：book@ctph.com.cn
网　　址：http://www.ctph.com.cn

印　　刷：北京顶佳世纪印刷有限公司
经　　销：新华书店
规　　格：710mm×1000mm　1/16
印　　张：17.25
字　　数：181 千字
版　　次：2022 年 4 月第 1 版
印　　次：2022 年 4 月第 1 次印刷

ISBN 978-7-5001-7058-7　　　　定价：59.00 元

版权所有　侵权必究
中 译 出 版 社

推荐序

金融也可以很有趣

姜立涵同学是一位出版了多部优秀小说、具有较强影响力的作家，同时又是一位具有丰富从业经验的金融家，她的新书《有趣的金钱》确实不同凡响。

金融系开设的课程应该是商学院学生很愿意去修读的，但也是学生很不满意的。在学生对教授授课能力的评价中，金融系教授往往得分比较低。这主要是由于在商学院涉及的各个行业中，金融行业的薪酬最高，金融机构的办公楼高端大气很豪华，金融从业人员衣着光鲜，这些对学生是很有吸引力的，学生们往往抱着很大的期望而来，但金融课程的内容又相对单调枯燥，所以他们很容易失望而归。我女儿当年在美国达特茅斯学院上大学时主修政治，大三暑期去香港在巴克莱银行实习，实习时住五星级酒店，实习工资和该公司刚入职的分析员是一样的。和立涵一样，她毕业后就去华尔街的投行工作，第一年在花旗银行，第二年在瑞银集团。金融除了诱人的一面，确实比较单调，常常要和数据、数学公式、财务报表打交道。这些也都体现在商学院的金融课程里面，年轻活泼的大学生自然就不太喜欢金融课程。我女儿大学毕业后，在华尔街的投行工作了两年就觉得金融比较枯燥，于是嚷嚷着要去改变世界，离开了金融行业去了亚马逊公司。

立涵的这本书和其他金融书很不一样，她用小说的语言告诉大家：钱是什么？钱有什么用？钱从哪里来？钱又到哪里去？本书涉及面很广，涵盖了金融体系最重要的功能——钱的储蓄与支付，尤其可贵的是清晰地讲解了现代支付手段——电话支付、网上支付、移动支付；艺术地讨论了金融体系包括监管、市场（投资者）、金融中介在内的各个方面，尤其讨论了现代金融体系监管理念和实践；很重要的是还覆盖了税收这个现代社会二次分配的机制；涉猎了现代金融产品，如股票、债券、基金、保险等。这本书不仅有助于中小学生的金融启蒙，而且其覆盖的广度和深度对成年人也非常有用。

我们这一代人，从小接受的教育是胸怀祖国、放眼世界。我们理解的胸怀祖国就是去农村、边疆等祖国最需要的地方，对于如何有效率地放眼世界是不太清楚的。以现在的视角来看，我们从资本市场看待世界应该是很有效的。资本市场中价格传递信息的能力是高效的，通过资本市场，我们可以学习政治、经济、军事、文化、科技、产业等。全世界的任何重大消息会瞬间反映在金融市场，所谓的"黑天鹅"事件或者"灰犀牛"事件都会瞬间体现在资本市场中，甚至太阳黑子的运动都有可能影响股价。学习金融知识，通过金融了解整个世界，是成年人更是青少年放眼世界的路径。现代社会最重要的两个翅膀应该是金融和科技，美国国力的强大和中国国力的崛起也主要体现在这两个方面。现阶段中国和美国在高科技和金融方面还是有一定的差距。我们对现代金融的理解是不到位的，更不用说对中国金融的理解。教育是一切的基础。虽然我国对金融教育高度重视，但是不少高校对金融这门交叉学科的重要性和复杂性还不太理解，以至于我们缺乏好的金融教材、优秀的金融师资，甚至对金融学科不够重视。

我在早期的金融研究工作中，主要关注金融的一般问题，直到参与了我国的金融改革才开始研究我国金融的一般问题。以下是我的一些主要思考，我也希望能像立涵这样用小说的语言阐述，但是很难做到。

1. 金融问题的全局性

金融是现代经济的血液，因此流动性是金融的特点。所有金融问题都带有全局性，这也是理解金融的关键所在。其背景是资金的高速、低成本的流动，资本市场的纽带作用，以及基于金融体系参与者的信息披露和资本的监管。金融体系庞大且复杂，而且和科技紧密相连，和产业发展息息相关。随着数字经济的发展，理解金融问题的全局性本质更加重要。大数据很有用，但是大数据背后的理论更有用。如何使数字资产定价体系和现有的金融资产定价体系相容，将是一个非常有意思的问题。

2. 中国渐进性改革的局部性

1949年以来中国发生了两次经济体制的伟大变革。第一次大变革是从私有制到公有制，时间是1953—1956年，仅仅用了不到4年时间就完成了变革。第二次大变革是从1978年至今，已经花了40多年的时间，现在还在进行中。第一次大变革可以看作一次"疾风暴雨式"的改革，或者一次"一步到位"的改革，而第二次大变革可以看作"渐进性"的改革。第一次变革以所有制变革为目标，第二次变革以发展模式变革为目标，但是发展模式的变革又常常会触碰所有制的痛点。渐进性改革策略是我们在各种限制条件下必然的选择。改革只能是一个循序渐进的过程，一个摸着石头过河的过程。而所有这些考虑和实践，使我们的渐进性改革凸显了局部性的特点。

3. 中国金融体系的主要矛盾

寻找主要矛盾是我们理解金融问题的关键。要在中国做好投资理财就必须寻找中国金融体系的主要矛盾。我国金融体系的主要矛盾就是金融问题的全局性和中国渐进性改革的局部性的矛盾。通过40多年的发展，我国的GDP（国内生产总值）已经是世界第二，银行资产总量、资本市场体量已经非常大，金融体系也足够庞大，而且比较齐全。但是我们的金融体系在不断发展的同时，问题不断，而且丝毫没有平静的趋势。尤其近年来问题越来越多，包括2015年的股灾、2019年的中小银行集体暴露问题等。这个主要矛盾造成金融不稳定和进一步的贫富差距。这些问题都是必须解决的，我们任重而道远！

4. 维护中国金融稳定

任何金融体系都是脆弱的。在过去20多年里，我们经历了很多次这样的循环：推动某些金融创新，出现大量问题，然后加强监管。通过这些循环，我们的金融体系不断地完善和壮大，金融产品不断地增多，但是积累的问题也越来越多。而且每经历一次这样的循环所付出的成本也相当高。例如近几年大力推进的业务——互联网金融业务、基金子公司业务、银行资管、保险资管、信托业务、通道业务、融资融券、股指期货、量化交易等，目前都受到不同程度的强势监管。维护中国金融稳定是一个重要任务。

5. 反对资本无序扩张及绞杀结构性套利机会

中国金融体系的主要矛盾会导致渐进性改革的结构性套利机会出现。我们把这种套利机会称为"结构性套利机会"，是因为这种套利机会不是每个人都能参与的，只有少数人才能参与并且使其落地。在套利机会面前，人们通常通过增加资本杠杆的方式来扩大套利所得，而在互联网金融出现后，人们还可以通过做好场景让更多的人参与，这也是一种杠杆，可以称为"场景杠杆"。同时运用资本和场景两种杠杆，互联网平台的套利能力是举世无双的。套利就是有钱币从天上掉到地上，弯腰就能捡到，毫不费力。而加杠杆，无论是资本杠杆还是场景杠杆，我们有了一个吸取钱币的机器，有点像吸尘器，可以快速地、大范围地吸取钱币。而所有这些都会加剧金融体系的不稳定，进一步影响金融体系的定价体系。

由于资本的无序扩张会进一步冲击我们的金融体系，因此反对和防止资本的无序扩张是必须的，这是一个抑制渐进性改革的结构性套利机会的重要手段。在可预见的未来，金融稳定的任务就是要动用一切力量包括行政手段，确保金融体系不出大事。金融不稳定是必然的，但是要严防金融过度不稳定，各种检测指标和措施是必需的。这些应对措施是中国金融体系在一个特殊的环境下必须要做的。我们需要真正理解金融稳定是国家稳定的重要组成部分，只有如此，才能在基本安全的金融体系的保驾护航下，推动我国金融为实体经济服务。

正确理解中国金融，无论对成年人还是青少年，都是一种挑战。希望我们的年轻人能够有独立思考之能力，奋发向上之勇气，使中国在金融和科技两方面都能走在世界前列。

何佳

教授，沃顿商学院金融学博士

上海北外滩金融研究院院长

中国金融学会常务理事及学术委员会委员

前言

我是一名在金融行业工作了 15 年的职业投资人。

我是两个孩子的妈妈。

我的大女儿快要 8 岁了。她认识 600 多个汉字，状态好时能背 100 多首唐诗，能用中英文无障碍交流，前几天心血来潮中译英了一篇 20 多页的中篇小说；她钢琴和小提琴都过了 4 级；除此之外，她还参加了美术、游泳、网球等线上线下的好几门课程；她知道极光是怎么产生的，知道冥王星为什么不能算行星，她知道很多我不知道的东西；她的学校每学期都要排演话剧，这学期的剧目是莎士比亚的《仲夏夜之梦》。

可是，我发现她至今不太清楚各种硬币和纸币之间的关系，搞不懂不同国家为什么会有不一样的钱，不太会买东西，更不明白职业是什么、收入从哪里来。

我知道你在想什么：这些事儿，长大了自然就明白了。

因为在此之前，我也是这么想的。

前不久，我的一个闺蜜带着她上初中的儿子来我家做客，她说儿子的理想是成为巴菲特那样的人，希望我能多教教他。这已经不是第一次有家长来拜托我，让我给他们的孩子"多教教""多讲讲"跟财商有关的知识。和当年的我们不同，21世纪青少年的大众理想不再是老师、医生、科学家，相反，很多是银行家、CEO（首席执行官）。

我问那个初中少年："你想成为沃伦·巴菲特（Warren E. Buffett），那你知道他是做什么的吗？"

"他是炒股票的。"男孩回答。

我接着问："那你知道股票是什么吗？"

"股票就是，一种会涨也会跌的东西。"男孩有点迟疑地说。

"那你觉得股票的涨跌，和公司有什么关系呢？"我试着引导他。

"没关系，"男孩想了想，坚定地回答，"开公司挣钱的是企业家，炒股票挣钱的是金融家。"

这显然是他从大人们的谈话中努力听来的，不过一知半解。成年人的商业世界让他们如此向往，遗憾的是，从来没人告诉过他们那个世界是如何运转的。我突然意识到，如果那个男孩未来在大学阶段没有选择跟经济或者金融相关的专业，那么那些商业社会的法则，恐怕只能靠他自己去摸爬滚打，甚至要付出很多代价才能明白个大概。纵观我们的成长，确实没有哪个阶段、哪门课程，会教我们如何在商业社会里生存。但是，无论你未来从事什么职业，商业社会都是你逃避不了的人生背景。

前言

成年人的世界，几乎每一天都在和钱打交道。早晨在麦当劳，是该买能节省2.5元的套餐，还是只买汉堡去办公室就水吃；公司交的五险一金，什么时候才能用到；打开手机银行App（应用程序），五花八门的理财产品，究竟该买哪一个；终于攒够了买房的首付款，可那么多奇奇怪怪的税费，都是怎么回事？这些生活中随处可见的问题，成年人也未必都弄得明白。

经济学的基本逻辑，其实不会比钢琴10级更难。但人们要掌握生活中必备的财商知识，也不是"长大了自然就懂了"的事情。

一万年前，一个青年想要攫取更多资源，追求更安全优渥的生活、更快的发展，他要学会狩猎，学会耕种。

一千年前，一个青年想要出人头地，实现抱负，有所作为，就要熟读四书五经，在科举的道路上勇往直前。

今天，无论你的理想是电影明星、作家，还是足球运动员、物理学家，都需要掌握基本的财商知识，这不仅可以改善你的生活，更重要的是，会给你一个全新的观察、理解你所处社会的视角，会让你更智慧、更从容。

遗憾的是，在我们的青少年时期，很少有人教我们和财商相关的知识。我们不清楚钱从哪里来，也不知道钱去哪里才会让我们活得更好。特别是身为中国人，几千年的文化传统，让我们在心底里或多或少羞于谈"钱"。于是，我们仿佛在一个粉红色的虚拟世界里成长，直到有一天，突然空降到一个光怪陆离的丛林世界，顿感手足无措。

我渐渐意识到，我应该有计划地、系统地让我的女儿们学习一些财商相关的知识。她们需要明白，这个社会自然运转的背后有很多逻辑，但经济，毫无疑问，是其中非常重要的一个维度。

于是，我在网上书店输入关键词"财商教育"，一大堆相关的图书跃入眼帘。我购买了其中销量比较高的几本，在通读之后，却不无遗憾地发现，这些书同质化程度非常高。大多数都在讲简单的理念，比较适合低幼儿童。比如，用小熊或者小兔子的故事告诉孩子们要节约、要存钱。这种故事对于三四岁的幼儿是恰当的，但对知识有更多渴求的青少年就显得能量不足了。并且，作为全球居民储蓄率最高的国家，我们已经讲了几千年规避风险的理念，而在瞬息万变的当代金融社会，过度保守意味着更大的危机。比起反复告诉孩子"要存钱"，我们更应该教会他们如何理性消费，告诉他们储蓄和投资的关系，让他们明白怎样的资产配置才是适合自己的。

在我买回家的一大堆书中，其中几本引进版图书还是可圈可点。但遗憾的是，它们的内容又与我国国情相去甚远。比如，某些书用大量的篇幅介绍支票的使用，可是个人支票在我国的商业社会里使用率是极低的，绝大多数人终其一生也见不到一张支票。相反，中国的电子支付在全球处于领先地位，可很少有书为孩子们讲微信支付到底是怎么回事、余额宝背后的逻辑又是什么。

想了很久，我下决心自己动手写这样一本书：以大学相关专业通用的经济学教材为基础，参考国际通行的财商教育分阶段目标，用深入浅出的语言，结合中国和全球最前沿的生活实践，通过一些有趣的故事，把青少年需要掌握的核心知识点讲清楚，争取让他们未来也能将其应用于工作生活中。

前言

这本书是写给所有中学生,以及大学阶段没有学习经济、金融相关课程的青少年朋友们的。当然,我也很期待父母们能够一起阅读这本书。我相信,你们也会有所收获。

金钱的世界一定是庸俗的、容不下梦想吗?

作为一名职业投资人,我看到全世界有不少年轻人在金融领域里不断创新,不断尝试为人类社会带来更高效、更平等、更普惠的金融产品。他们中的很多人,带着改变世界的梦想,从改善金融秩序开始。

与此同时,我也时常痛心地看到这样的新闻:20 岁的女大学生,为了买部手机宁愿打"裸条"借高利贷。她不清楚高利贷的性质是什么,更不了解自己未来原本可以创造的价值"折现"到今天,远远不止一部手机。还有不少七八十岁的老年人,为了追求高额回报,把大部分资产投进风险极高的理财产品甚至骗局中,最后血本无归。大概从来没人告诉过他们,"追逐高回报必定要承担高风险",他们也不清楚什么样的年龄该做什么样的投资。

是我们的孩子不够聪明吗?当然不是。在写这本书时,我做了个小调查:随机邀请 10 名高中生,请他们在不借助电脑和他人帮助的前提下,回答我一个问题:

如果你现在有 100 元,把这笔钱借出去,按照每年 8% 的复利计算,请问 10 年后,你将得到多少钱?

10 个少年,只有 1 个人,在 7 分钟之内给了我答案。我很为她叫好，可是又有点遗憾。那是一名在伦敦读高中的17岁少年，她告诉我，学校最近教过她们什么是"复利"。而剩下的9个在国内不同城市读高中的少年，都没有答出来。

然后，我请其余没有回答出第一个问题的孩子，尝试解答以下方程式：

$F=P(1+i)^n$，当 $P=100$，$i=8\%$，$n=10$ 时，F 等于多少？

如果不借助科学计算器，或是Excel表格，坦白讲，我是解不出这道题的。可这些少年绝大多数都在10分钟之内给了我正确答案。

我内心感慨万千。他们不知道这个公式，就是被爱因斯坦称为"人类第八大奇迹"计算复利的公式，是传奇人物巴菲特最为推崇的"致富秘诀"。我国的基础教育非常扎实，孩子们很聪明。他们只是缺少了，照进裂缝的那一点光。

你是那个心怀梦想，想要改变世界的年轻人吗？那么，你为自己的梦想，做出了哪些努力？或者，你只是憧憬未来属于自己的美好生活，那你知不知道，该如何为通往美好生活的桥梁铺下第一块砖？

金融并不代表枯燥和市侩，她拥有温度，讲述着价值观和世界观。

每个人看世界都有自己的角度，跟自己接受的教育、读过的书、学习的专业、拥有的经历，都息息相关。读完这本书，我希望它不仅教会你一些在现代社会生存的基本技能，更能给你一个全新

前言

的视野，给你一个与众不同的角度，启发你的智慧，让你眼前的世界更加立体、更加多元、更加丰富。我也相信，在青少年时期就系统接受财商教育的你们，在面对未来的竞争和选择时，一定会更加智慧、更加从容。

希望你们的明天，比我们期待的更加美好。

2021 年 7 月
于全球新冠肺炎疫情期间

目录

第一章　从钱开始
钱是谁发明的　　　　　　　　　　　　003
世界各地的钱　　　　　　　　　　　　009
踏出国门，别忘了换钱　　　　　　　　013
看不见的钱　　　　　　　　　　　　　024

第二章　无脚走天下：钱的存储与支付
一手交钱，一手交货　　　　　　　　　042
神秘的小红本：存折与支票　　　　　　043
成人世界标配：借记卡　　　　　　　　047
明天的钱真的可以随便花吗　　　　　　052
藏在手机里的钱：第三方支付　　　　　064
电话银行、网上银行和手机银行　　　　066

第三章　阿里巴巴的山洞：财富从哪里来

哪里能挣到钱　　　　　　　　　　　072

发工资时间到　　　　　　　　　　　077

别不信！读书越多，挣钱越多　　　　082

第四章　我纳税 我光荣

挣钱之后，别忘了缴税　　　　　　　090

"五险一金"到底有什么用　　　　　　103

第五章　把钱花掉，还是让它生钱

挣钱了如何分配：切蛋糕的秘诀　　　121

消费：你真的会花钱吗　　　　　　　128

钱生钱：储蓄？理财？投资？　　　　140

第六章　人生的第一堂投资课

下金蛋的鸡：什么是投资　　　　　　162

股票这盘"菜"　　　　　　　　　　　173

"小白"专供——基金　　　　　　　　185

外婆的国库券　　　　　　　　　　　198

第七章　保险，保不时之风险

到底要不要买保险　　　　　　　　　212

五花八门的保险世界　　　　　　　　213

开家保险公司吧 222
　　买保险算投资吗 227

第八章　丛林世界的守护者
　　离钱越近的地方，越考验人性 236
　　那些电影里常见的金融机构 244
　　幕后英雄：咱们国家的金融"警察" 248

后记

第一章
从钱开始

第一章　从钱开始

钱是谁发明的

　　不管你承认与否，钱都是我们日常生活中非常重要的东西之一。上学读书要花钱，买文具、买校服要花钱，早晨在校门口的小吃摊吃个烧饼要花钱，更别说各种节日买礼物、看电影，假期去旅行，每一样都要花钱。那你有没有想过，钱这个看起来无所不能的家伙，到底是谁发明的呢？

　　在经济学里，钱有个听起来更加高大上的名字——货币。

　　人类社会初期是没有货币的，在早期的人类聚居点，有人种粮食，有人打猎，有人在山里捡果子，大家分工合作。有了分工，就意味着有的东西你没有，有的东西他没有。就拿吃饭来说，只吃粮食不吃肉，或者只吃肉不吃果蔬，都会导致营养不均衡。那么，当你想得到一些自己没有的东西时，你该怎么办呢？原始人说，这有何难，让我们交换吧。

紫微学校初中一年级的夏河薤和肖苺是同桌，肖苺惦记夏河薤从悉尼带回来的那套荧光笔很久了，夏河薤也挺喜欢肖苺那个实用又可爱的桌面吸尘器。某天，两人经过一番讨价还价，达成协议，决定交换。

然而，更多的时候，交换并不是如此轻易就能够达成。比如，你认为她捡的一篮子蘑菇，不足以换你养的一整头羊，可你既不能活生生地剁下来一条羊腿，又不想放弃让你垂涎三尺的蘑菇，这样交换就遇到了难题。还有一种情况：你想要他的某样东西，比如粮食，他却并不需要你所拥有的，比如镰刀，如此交换就没有了基础。

这当然难不倒聪明的人类。我带你去个地方，一个虚拟而又真实的世界——四方村。

四方村西街靠养鸡为生的李三娘在沙滩上散步时，发现阳光照射下美丽的贝壳闪闪发光，她灵机一动，如果1枚贝壳算1颗鸡蛋，下次她去换王大爷家的牛肉时，就不必费力地提着30颗鸡蛋

第一章 从钱开始

走那么远的路,还担心会碰碎,只需要带上同等数量的贝壳。李三娘把想法说给王大爷听。王大爷一琢磨,这主意不错,以往他收到李三娘的鸡蛋,因为家里没有冰箱,总担心会变质,还有老鼠、野猫防不胜防。用贝壳就简单多了,他可以根据需要,随时去李三娘家取鸡蛋,吃的总是新鲜的。

两人基于对彼此的信任,很快就此达成了共识。

请大家务必记住上面这两个词,因为在货币机制里,信任和共识,是一切的基础。

信任这件事很重要。如果王大爷不信任李三娘,觉得未来他傻乎乎地拿着贝壳去找她换鸡蛋,没准她不认账或者搬家了,这件事就成不了。

共识这件事也很重要,如果李三娘认为1枚贝壳可以换1颗鸡蛋,而王大爷认为1颗鸡蛋要用2枚贝壳去换,那这事儿也难办。

反之，认可李三娘理念的人越多，参与其中的人越多，这件事就越容易推广，越容易实现。

我知道你在担心什么，海边那么多贝壳，要是有人哪天早起去赶海捡贝壳，他岂不瞬间就成了这条街最有钱的人？

你担心的事李三娘和王大爷也想到了，所以他们在贝壳上做了一些特殊的标志，区别于海边随处可见的贝壳。今天，如果你在博物馆里仔细观察就会发现，出土的海贝、石贝、骨贝上，经常可以看到钻孔、凿痕等，这就是古人对货币实施的防伪技术。

这种用贝壳、石头、动物骨头，甚至粮食来充当货币使用的，我们把它叫作"商品货币"。目前在可查的记载中，第一次使用"货币"一词是在公元前3000年的美索不达米亚。而在中国，成书于西汉的《史记》及《盐铁论》中，均有关于夏代（公元前2070—公元前1600年）使用贝币的记载。1975年，在河南偃师二里头文化遗址中出土了12枚天然海贝和仿制的骨贝与石贝（见下图），进一步佐证了这一说法。

商品货币流行了几千年，越来越多的缺点也暴露出来。

首先，交易不方便。比如，30枚贝壳可以换10斤牛肉，然而西街首富钱贝贝出手很大方，一次性要买10头牛。王大爷蹲在家门口，

第一章　从钱开始

没日没夜地数钱贝贝推来的一车贝壳,可能数得眼都花了,也没数清楚。

其次,随着人类社会生产力的大幅提高,人口不断增加,货币流通越来越频繁,需求量也越来越大。然而,能够充当商品货币的东西越来越少。海边被大家用来当作货币的特殊贝壳,早就被捡光了。

最后,商品货币还有不易储存、不易携带等诸多缺点。

所以,世界各地的人几乎不约而同地想到了用金属替代实物充当货币的好办法。与贝壳、谷物相比,金属更容易保存。用金属制造的货币,可以有不同的面值,很大程度上也能解决王大爷数不过来钱的问题。

但是,无论是金币、银币、铜币,还是铁币,原材料都来自矿石,开采不易,也总有枯竭的时候。另外,金属货币的重量不可忽视，同样存在携带不便的问题。

这时，一位知书达理的四川人出现了。有一天，他拿着磨掉了一小块儿的铜板去买烤红薯，发现店家没说什么照样卖给他红薯。于是，他突然明白了一个很重要的道理：大家达成共识的是，一个铜板可以换一个烤红薯。至于这个"铜板"长什么样，是不是真的是铜，边缘有没有破损，对交易双方来说并不重要。既然如此，我们为什么还要辛苦地到处挖矿，然后费时费力地冶炼制作货币呢？

于是，大约在公元1000年，全世界最早的纸币在中国北宋初年的四川出现了。它被称作"交子"。

肖苒因为抄夏河薙作业，又欠了她一瓶酸奶，这已经是他欠她的第10瓶酸奶了。遗憾的是，肖苒的零花钱花光了，得等到下月初才能还。夏河薙想了想，等到那时自己一口气喝掉10瓶酸奶，反倒成了负担，于是想到一个好主意。她拿出两张纸，在每张纸上画了5瓶酸奶，分别让肖苒签字确认。然后她拿着其中一张纸去找隔壁班的陆芷汀。陆芷汀有一本人人都爱看的书，可是她从来不白借给人，一定要有些好处才行。夏河薙说："把书借我读一个星期，下月初你可以拿着这张纸去找肖苒，让他给你买5瓶酸奶。"陆芷汀想了想，收下了纸。交易很快达成。

紫微学校里发生的这一幕，其实包含着很多深奥的经济学和法学原理，比如"债权的转移""信用机制的建立""票据支付结算"。那些成年人常常挂在嘴边听起来很高级的话题，基本原理也

第一章　从钱开始

并没有多复杂。

世界各地的钱

读完上一节，你对钱是如何而来的应该已经有了基本认识。时间来到 21 世纪，各个国家（或地区）的货币依然是以纸币为主，以金属币作为补充，从货币形式的角度讲，和 1000 多年前差不多，并没有太大的创新。

接下来，你会发现一个有趣的现象：从古至今，各个国家（或地区）的货币形状、大小都不一样。当今，美国有美元，欧洲有欧元，英国有英镑，日本有日元，中国有人民币。一般情况下，一个国家（或地区）的货币，只能在这个国家（或地区）范围内使用，当然也有例外。每个国家（或地区）都有专门的机构，负责当地货币的印制与发行。

人民币

中国人民银行是人民币的发钞行，依法负责人民币的设计、印制和发行。人民币的常用缩写是"RMB"，国际 ISO 代码为"CNY"，货币符号为"￥"。目前市场上流通的人民币，主要为 1999 年 10 月 1 日启用的第五套人民币。此外，第四套人民币的硬角币和第二套人民币的硬分币仍然可以流通。

如今，常见的纸币面额有 1 元、5 元、10 元、20 元、50 元、

100元；较少见的有1角、5角。常见的硬币面额有1角、5角、1元；较少见的有1分、2分、5分。

美元

美元的发行权属于美国财政部，主管部门是美国国库，承担具体发行业务的是美国联邦储备系统（简称美联储）。美元的国际ISO代码为"USD"，通常用符号"＄"来表示，美分的符号是"￠"。

目前，市场上流通的纸币面额有1美元、2美元、5美元、10美元、20美元、50美元、100美元7种，另有1美分、5美分、10美分、25美分、50美分、1美元的铸币。

港币

中国香港的法定货币——港币情况比较特殊，港币的纸币（除了10元港币）是由中国香港金融管理局监管的3家银行共同发行的，包括汇丰银行、渣打银行和中国银行。10元港币原已停止发行，但在香港市民的要求下，香港特区政府于2002年委托金融管理局重新发行10元港币，并于2007年改为塑胶钞票。硬币则全部由香港特区政府发行。所以在纸币上，有的印着不同银行的名字，有的印着金融管理局的名字，五花八门。

港币的国际ISO代码为"HKD"，货币符号为"HK＄"。目前，市场上流通的硬币面额包括：1毫（10分）、2毫（20分）、5毫

(50分)、1元、2元、5元、10元。纸币面额包括：10元、20元、50元、100元、500元、1 000元。如果某一天，你见到一张面额为150元的港币，也不必惊慌，那可能不是假钞，而是渣打银行和汇丰银行分别于2009年10月和2015年3月发行的纪念纸币。

由政府印制发行的货币，被我们称作"法定货币"，简称"法币"。"法币"的"法"字，在这里是指"法偿性"。什么叫"法偿性"呢？简单地说，就是这种货币在这个国家（或地区）范围内拥有无限的合法支付能力，任何单位或个人不得拒收。

举个极端的例子，如果你想买一部手机，可你只有平时用1元攒起来的硬币，你背着整整5个书包的零钱来到专卖店，店员不能因为你拿着零碎的"小钱"就不卖给你手机，倘若他拒收，他就违法了。

有意思的是，有些国家（或地区）的硬币，就不具备法偿性。同样是买手机的例子，如果中国香港的朋友背着5个书包的1毫、2毫的硬币去手机专卖店买手机，店员是可以拒收的。

再举一个例子。人民币是中国的法定货币，它可以在香港地区、澳门地区流通，但不具备法偿性。也就是说，你去香港迪士尼乐园，想用人民币买瓶可乐，商家可以收，也可以拒绝。

对以上货币有了初步了解之后，你会发现任何一个国家（或地区）货币的铸造、印制和发行权都由当地最高行政部门拥有。即便是历史原因导致情形复杂的香港地区，货币发行依然要由香港金融管理局统一授权并监管。

用浅显易懂的话来讲，那就是：钱不是随便印的，更不是随便谁都可以印的。

让我们再回到四方村。

李三娘想到用贝壳作货币的好主意，很快得到了街坊们的广泛认可。李三娘为了防止有人去海边随便捡贝壳充当货币，决定在用作货币的贝壳上，画一个只有她会画的特殊标志，大家都认同李三娘的创意。过了没多久，李三娘的丈夫李三叔，因为误食了毒蘑菇，不幸离世。李三娘家的生活变得前所未有地艰辛，百般无奈之际，她灵光一闪，既然贝壳上的标志只有自己会画，夜深人静时，她偷偷多画几只，岂不就多了很多"钱"。

从此以后，李三娘也不再关心她家的鸡下不下蛋了，因为画贝壳得来的"钱"，比她每天起早贪黑养鸡、卖鸡蛋容易多了。于是，每天晚上李三娘都躲在家里偷偷画贝壳，她家的钱迅速多起来，生活得到了很大改善，家产直逼钱贝贝。

《中华人民共和国刑法》第一百七十条：伪造货币的，处三年以上十年以下有期徒刑，并处五万元以上五十万元以下罚金；有下列情形之一的，处十年以上有期徒刑、无期徒刑或者死刑，并处五万元以上五十万元以下罚金或者没收财产：（一）伪造货币集团的首要分子；（二）伪造货币数额特别巨大的；（三）有其他特别严重情节的。

现在，你应该意识到在任何一个社会组织中，拥有了货币的铸造权和发行权，就意味着拥有了很大的权力。

第一章　从钱开始

让我们回到现代社会。中国有人民币，美国有美元，而脱欧成功的英国，之所以这么多年都和欧盟格格不入，在众多复杂的原因中，一个很重要的因素就是英国一直没有放弃自己的主权货币——英镑，所以分家是早晚的事儿。

> 英国退出欧盟，使英国不再受欧盟法律、欧洲单一市场及若干自由贸易协议约束，并可取回对移民政策的控制权。英国已于格林尼治时间 2020 年 1 月 31 日晚上 11 时正式脱离欧盟，随后进入脱欧过渡期，至 2020 年 12 月 31 日结束。

踏出国门，别忘了换钱

随着全球化盛行，国际间交往也越来越频繁，旅游、留学、工作、商贸，不胜枚举。据说，许多国家超音速飞行客机的研发都已取得了重大进展，未来从中国北京飞往美国纽约只要 3 个小时。到那时国际间的交流会更加频繁，会有越来越多的"空中飞人"，这是古人想都不敢想的。

可是别忘了，人类社会的货币体系还和 1000 多年前差不多。不管你去法国巴黎，还是日本东京，出发前要做的第一件事就是兑换当地货币，否则你将寸步难行。

2004 年，我去英国留学，从北京飞往曼彻斯特，中途在巴黎转机。那天，因为前段航班延误，我错过了巴黎飞往曼彻斯特的航班，因而被困在戴高乐机场大半天时间。那是我第一次出国，对一切都感到新鲜又紧张，而计划外的大千世界像打翻的油彩桶一样浇了我一头。当时我只有英镑和人民币，就是没有欧元。我徘徊在戴高乐机场一间咖啡厅门口，想买个看起来很好吃的面包充饥，但店员都不接受这两种货币。那个年代，没有智能手机，更别说移动支付了。这时，我发现钱包里有几张美元纸币，那是父亲之前去国外出差时剩下的，出发前他一并塞给我了。我掏出一张，尝试着询问店员，本来没有抱任何希望，可是万万没想到，店员看了一眼就收下了那张绿色纸币，给了我梦寐以求的面包，外加一杯热咖啡。

虽然我在经济学课堂上读过类似于"美国 GDP 总量居全球第一"这样的文字，但都不如那年夏天在冷气逼人的戴高乐机场的经历带给我的震撼强烈。货币在国际交往中被接受的程度，也是一个国家综合实力的体现。

现在，我们来简单分析一下法国戴高乐机场的咖啡厅店员为什么愿意收美元。首先，美元的价值相对稳定。不会今天能买一个大面包，明天只能买面包上的糖霜。其次，美元的流通范围较广。无论在美洲、欧洲、亚洲、非洲，美元都是受欢迎的，不存在花不出去的问题。一种货币满足以上两个条件，就足够好了。

那么，一般情况下，如果要出国旅游或者读书，我们如何把手中的人民币换成所需的某种外国货币呢？主要有两种途径。

第一章　从钱开始

银行

目前，我国的国有六大银行——中国工商银行、中国农业银行、中国银行、中国建设银行、交通银行、中国邮政储蓄银行——都开通了外币兑换业务。其中，中国银行能兑换的币种最多，如果你要换的不是特别常见的币种，去中国银行最保险。此外，部分股份制银行，比如招商银行、中信银行、兴业银行、浦发银行等，也都提供兑换服务。当然，大部分的外资银行，如汇丰银行、渣打银行，也是可以兑换外币的。

去银行兑换外币要注意两点：第一，并不是以上提到的银行的所有营业厅都提供兑换服务，前往具体的网点之前，一定要打电话咨询清楚，以免白跑一趟；第二，去银行兑换外币，务必记得预约，绝大多数银行网点是不会随时给你兑换外币的，特别是当你兑换的金额较大时，银行网点也需要时间调集外币。

外币兑换店

中国很多城市街头的外币兑换店，是近几年才有的。以前，外币兑换店只开在北京、上海、广州、杭州这些开通了国际航线的大机场。这些店往往只有个不起眼的小窗口，顶上挂着窄窄的电子屏幕，上面永远滚动着一行行汇率信息。2009 年，随着国家外汇管理局（简称外管局）宣布，将个人本外币兑换特许业务的试点范围扩大至包括北京、上海在内的 13 个省（自治区、直辖市）和 4 个计划单列市,我们才逐渐在一些城市的繁华中心见到挂着"FOREIGN EXCHANGE"(外汇)标志的外币兑换店。

在银行和外币兑换店换外币,有什么区别呢?

通常来讲,在银行兑换更划算。一方面,银行的汇率实时变化,你可以选择一个对你最有利的汇率兑换。而兑换店往往是"一天一价",缺少灵活性,大部分还有汇差。另一方面,绝大多数外币兑换店都要额外加收手续费。比如北京首都国际机场的外币兑换店,需要支付手续费50元,按笔支付,无论兑换多少。

无论是街头的外币兑换店,还是机场的外币兑换店,最大的好处都是便捷。如果你出国前做好了周密的计划,提前一两周去银行兑换外币,那肯定是最划算也是最保险的。

例如,2020年4月17日上午10点,中国银行公布的实时汇率,人民币兑美元的现钞买入价是7.0038,同时,携程网上外币兑换点公布的人民币兑美元现钞买入价是7.0092。7.0092-7.0038=0.0054,这就是汇差。看起来不起眼,都到小数点后第三位了。可如果你准备换10 000美元,在中国银行换,你需要准备70 038元;在外币兑换店换,你需要准备70 092元。

汇率浮动对我们普通老百姓的生活会有多大影响呢?如果你不出国,不买国外的商品,也不和外国人做交易,那可能没什么影响。但在现代社会,和"外面的世界"彻底切断联系也并不那么容易。

还是用我的亲身经历做例子吧。

2004年8月,我去英国读硕士。当时,谢菲尔德大学法学院的

第一章　从钱开始

学费大约是每年 10 000 英镑,那时人民币与英镑的兑换汇率大约是 15∶1。也就是说,我每年需要花费至少 15 万元人民币读书。2020 年,当我写这本书时,英国历史悠久的红砖名校谢菲尔德大学法学院研究生每年的学费已经涨到 18 000 英镑,人民币兑英镑的汇率也升到了 8.5∶1。于是,见证奇迹的时刻到了:在经过这么多年的通货膨胀之后,2020 年谢菲尔德大学法学院学费大约也是 15 万元人民币,和 2004 年并没有差别。

所以,在国际交流日趋频繁的当下,汇率的浮动和每个人的生活都息息相关。

我知道你可能在想什么:既然如此,岂不应该趁着汇率划算时多换点外币,最好把过几年出国留学的学费现在就换出来?不错,你越来越聪明了,金融的根本逻辑,就是时间和金钱的游戏。但是很遗憾,在我们国家兑换外币,并不是你想换多少就能换多少。

有许多国家实行外汇管制,中国也是其中之一。根据外管局的规定:中国公民每人每自然年度换汇额度不得超过 5 万美元(或等值外币)。这个 5 万美元或等值外币是个总数,无论你在银行换,还是在兑换店换,无论你换日元,还是换欧元,都要在换算后合并计算。

你大概在想:我在杭州街头某个外币兑换店换美元,再去天津某个银行柜台换英镑,外管局怎么会知道呢?你可千万不要小瞧外管局。在中国,无论你在哪里兑换何种外币,第一件要做的事就是出示身份证,然后你换了什么、换了多少、什么时候换的,就全在外管局掌控之中了。

看到这里,年纪小的同学可能有点沮丧。是的,你还没有身份证该怎么换钱呢？的确，小留学生某种程度上已成为潮流，而且很多都不满16岁。不过，不用担心，你可以在监护人的陪同下去银行兑换外币。

肖苺在App Store（苹果应用程序商店）上玩一款游戏已经两月有余，每月需要充值30美元。老爸肖筱白看在他最近还比较听话的份儿上，同意他用自己的信用卡刷卡付费。最近一两周汇率波动得厉害，上个月肖筱白的信用卡被扣了190元人民币，这个月信用卡账单一出，210元人民币没有了，肖筱白气不打一处来，认定是肖苺在网上又买了不该买的东西。百口莫辩的肖苺，冲肖筱白吼道："老爸，你需要做的是'外汇风险对冲'！"

在越来越频繁的跨国贸易和国际投资交易中，交易双方确定哪一种货币作为结算货币，对交易的影响也是非常巨大的。举一个我亲身经历的案例。

2007年1月，美国A公司和中国B公司达成合作协议，美国A公司投资1亿美元，和B公司在中国成立合资公司开发房地产。那时，人民币兑美元的汇率在7.80上下浮动，也就是说，A公司投资的1亿美元，相当于人民币7.8亿元。后来，因为政策改变，外资被限制进入中国房地产行业，这个交易未能最终落地。到2008年年中，经过多轮磋商，美国A公司和中国B公司一致同意撤销这个交易，A公司撤回1亿美元。但那一年，人民币加速升值，兑美元的汇率已经突破7.0大关，在6.90左右徘徊。

第一章　从钱开始

现在，故事开始了。

因为在这一轮投资合作中，AB 双方在合同中约定以美元结算。那么这道"应用题"的答案如下。

2007 年美国 A 公司支出：1 亿美元×7.80＝7.8 亿元。

2008 年美国 A 公司收回：1 亿美元×6.90＝6.9 亿元。

所以，中国 B 公司净赚：7.8 亿元-6.9 亿元＝9 000 万元。

反之，如果当初交易双方在合同中约定以人民币结算，又会是怎样的结果呢？

2007 年中国 B 公司收到：7.8 亿元/ 7.80＝1 亿美元。

2008 年中国 B 公司退回：7.8 亿元/6.90＝1.13 亿美元。

所以，美国 A 公司净赚：1.13 亿美元-1 亿美元＝1 300 万美元。

这就是我们常说的汇兑收益或者汇兑损失。

在这个案例里，为了方便大家理解，我没有涉及交易成本、资金成本、结汇、外汇风险对冲等问题，但只要明白了这个基本原理，那些问题早晚都会迎刃而解。

所以，你不难发现，这其实是一道小学生都会解的应用题，金融并没有你想象得那么难以理解。

最近几年，你有没有在新闻或者长辈的谈话中，听到过一个感觉很酷的词——人民币国际化？

提到"人民币国际化"，就必须先说美元。美元作为"国际货币"的历史已经相当悠久，从 20 世纪 40 年代就确立了这样的地位。关于这段历史，可以看下面的内容——布雷顿森林体系与 SDR。

布雷顿森林体系与 SDR

1944 年 7 月，第二次世界大战进入尾声，44 个国家的代表在美国新罕布什尔州布雷顿森林公园内的华盛顿山旅馆，召开联合国和盟国货币金融会议，达成了若干协议，主要包括以下内容。

(1) 成立世界银行（WB）：成立初期主要为第二次世界大战后欧洲国家的重建发放贷款，后来渐渐发展成通过发放低息或者无息贷款，"为一个没有贫困的世界而努力"的国际组织。

(2) 国际货币基金组织（IMF）：主要是稳定各国和地区货币，监察外汇市场，从而实现国际货币合作、推动国际贸易发展、促进可持续经济增长及向面临国际收支困难的成员方提供帮助。

(3) 实施"固定汇率"，美元与黄金挂钩，其他成员方货币与美元挂钩。

(4) 取消经常账户交易的外汇管制。

但是，20 世纪六七十年代，许多欧洲国家经济开始复苏，认为和美元挂钩的"固定汇率"制度对自己国家发展不利，而在同一时期，美元又多次爆发危机，其与黄金挂钩的体制也名存实亡。到了 1973 年 2 月，美元进一步贬值，世界各主要货币由于受投机商冲击，被迫实行浮动汇率制度，布雷顿森林体系至此完全崩溃。

布雷顿森林体系虽然早就崩溃了，世界两大金融机构——WB 和 IMF——却保留下来了，而美元作为国际货币体系的基准，也一直延续至今。

第一章　从钱开始

讲过了布雷顿森林体系，再来讲 SDR 就容易理解了。

2016 年 10 月 1 日，IMF 将人民币纳入 SDR 货币篮子，"人民币国际化"成了国内金融媒体热议的话题之一。那么 SDR 跟篮子到底有什么关系呢？

SDR 的全称是 Special Drawing Right，中文叫"特别提款权"，也被称为"纸黄金"。它不是某种具体的货币，也不仅是一个抽象的权利，它是 IMF 创造的一种资产储备和记账单位，用来偿付国际收支逆差，偿还 IMF 的贷款，像黄金一样作为国际储备，或是成员方和非成员方之间其他金融业务的记账单位。

为什么要发明这么个东西？很简单，如果用某种单一货币作为国际间这么多大事的记账单位，无论是美元还是欧元，都存在很多不稳定性。所以，IMF 想出了一个好主意：不如多找几种货币来对冲风险（当然得是经济发展比较稳定、资产储备比较充足的国家的货币），设计一个权重，按比例把各种货币都放进同一个"篮子"里，由它派生出一种综合的记账单位，这样就安全稳定得多。

"篮子"就是这么出现的。历史上，进入这个"篮子"的东西有很多，最开始是黄金，后来是 16 个国家的货币，1986 年 1 月 1 日开始，"篮子"里变成相对稳定的 5 个国家的货币——美元、英镑、德国马克、法郎、日元。后来，德国马克和法郎不存在了，变成欧元了，这个"篮子"里就剩了 4 种货币。

直到 2016 年 10 月 1 日，这个"篮子"里又多了一种大家最熟悉的货币——人民币。

根据 IMF 的设定，SDR 的组成和加权比例每 5 年调整一次。2016

> 年到 2020 年，1 份 SDR 总价值约 1.383 美元，当有成员方使用其 SDR 时，其可以将自身的 SDR 兑换成这 5 种货币中的任何一种。
>
> 1SDR＝0.582 52 美元＋0.386 71 欧元＋1.017 40 人民币＋11.900 日元＋0.085 946 英镑（按照 2019 年平均汇率换算，总价值约 1.383 美元）。

当年，为什么全世界那么多国家都加入了以美元作为国际货币的货币体系呢？一方面，是因为第二次世界大战后美国成为全世界强大的国家之一；另一方面，是因为美国拥有全世界 3/4 的黄金储备。而我们在第一节里就介绍过，在纸币出现之前，世界各地的"钱"都是金属货币，而金币又是其中价值最高的硬通货。这个听起来很复杂的体系的核心逻辑是什么呢？让我们回到四方村，一切自然就拨云见日了。

李三娘所在的西街，人口越来越多，生意越做越兴隆。没过多久，四方村东街、北街、南街上的人，也纷纷来西街购物。但是东街的人用的是鱼骨币，北街的人用的是石币，南街的人用的是谷币。于是，西街上的币种越来越多，越来越混乱。到底多少钱能买多少东西，久而久之谁心里都没数了。

李三娘觉得，不能这样下去。于是，她站出来对大家说：我们西街的鸡蛋，是方圆 500 里最多的，也是最好的，我知道你们来西街很多都是买鸡蛋，但是现在货币体系混乱，导致大家高价都买不

第一章　从钱开始

到鸡蛋，我想到一个好办法，我们西街的贝币，是我数着鸡蛋画出来的（请大家暂时忘记她半夜偷画贝壳的事儿），生一个蛋，画一个币，所以我们西街一个贝币，是肯定能换出一个鸡蛋的。不如这样，从现在开始我们西街的贝币和鸡蛋挂钩，你们其他的币，和我们贝币挂钩，如此就不会再乱了。

1 个鸡蛋 = 1 个贝币

1 个贝币 = 2 个鱼骨币

1 个贝币 = 5 个谷币

1 个贝币 = 0.5 个石币

大家觉得李三娘真是有智慧，欣然接受了她的提议，汇率就这样固定了下来，市场终于又恢复了原有的秩序。又过了好些年，南街的人因为发明了提高亩产产量的科学种田法，变得越来越富裕，逐渐不满足于 5 个谷币才能换 1 个贝币的"固定汇率"。他们一闹，李三娘发明的这个体系就维持不下去了。"四方村小河体系"就这样崩溃了。但是，贝币作为和鸡蛋直接挂钩的关键货币，在四方村已经被认同了很多年，大家都已经接受了它作为"国际货币"的现状。

这个故事里，我们可以简单地认为，鸡蛋就是黄金，贝币就是美元，南街就是英国和日本，"四方村小河体系"就是"布雷顿森林体系"。

美元作为国际货币已经快 100 年了。这 100 年里，风起云涌，群雄逐鹿，世界格局在悄悄发生着变化。中国已经由一个积贫积弱的国家，重返世界强国之列，一跃成为全球第二大经济体。就和南街的老乡一样，国民的心态也会随着实力的变化而变化。16 年前，戴高乐机场的店员不接受我用人民币买面包，我觉得再正常不过；16 年后的今天，我在悉尼的各种商铺里，看到接受支付宝、微信支付的标志，也觉得理所应当。

再过几十年，你们认为世界又是怎样的呢？

看不见的钱

我特别兴奋地想要跟你们讲这一节，如果说之前的内容是关于历史和现状，那么这一节，就代表未来。

人类社会的科学技术，在第二次世界大战后，特别是近 20 年，取得了突飞猛进的发展，但我们的货币体系和千百年前相比，并没有本质的变化。可是，没有变化，绝不意味着不会变化，隆隆的雷声已经逼近，变革即将到来！

当今中国，无论你身处哪座城市，支付宝、微信支付，你一定不会陌生。如果你是一个对外面的世界充满好奇心的少年，或许也听说过"比特币""区块链""数字货币"——近几年被炒得沸沸扬扬的话题。

那些拗口的词汇，从大人们口中说出来显得高深莫测。悄悄告诉你吧，其实他们中很多人也说不清这些名词真正的含义，不信等你读完了这一节，去考考他们就知道了。

比起成年人，我反倒觉得你们或许更容易理解这些概念，因为

第一章　从钱开始

你们是互联网原住民,而我接下来要讲的所有新鲜玩意儿,其实就是金融和不同代际的信息技术的结合。

首先来看几个概念。

电子货币:实物货币的电子化。在银行卡、公交一卡通、电影院储值卡里,还有所有第三方支付(支付宝、微信支付等)账户里的钱,都叫电子货币。你可以用现实的"钱"去充值或者购买,也可以用电子货币在真实世界里消费,这就叫"双向流通",可进可出。它和法币相关联,是你拥有的实物"钱"的电子形式。在很大程度上,它的存在是为了让交易更便捷、更安全。

虚拟货币:顾名思义,"虚拟的"就是假的,所以它并不是货币。玩游戏的同学们再熟悉不过了。最典型的就是腾讯Q币、游戏币。在游戏中打怪升级挣来的币,或是花真钱充值买到的币,都只能在某个虚拟空间使用,不能在真实世界里消费,这叫"单向流通",只进不出。它更像是一种商品,你可以买它,当然,你也可以和你的小伙伴私下达成某笔交易,但是如果你拿着手机去麦当劳,对服务员说要拿20个Q币买1个汉堡,服务员一定会用莫名其妙的眼神看着你。

数字货币:这是最抽象、最新鲜、最能代表未来的一种"货币",不仅如此,就连它的定义本身,也在随着行业的不断创新而变化。你们常听到的"比特币",就是数字货币重要的代表之一。数字货币同样没有具体形态,不是一张纸,也不是一个硬币。它的发行跟法币没有直接关联,但你可以用某种法币去购买,人民币、美元、欧元都可以,你也可以把它卖了,换成任何一种法币。这样听起来，它似乎有点像虚拟货币。没错，两者之间，确实存在很多交集，但也有差别，可以简单做以下两点区分。

第一，虚拟货币往往是由一个具体的公司发行并且运营的。比如 Q 币是腾讯公司发行的，发行多少、怎么使用，都由腾讯公司决定。而数字货币的发行，各国有不同的政策，通常由开发者发行和管理，信用保障由所有参与者共同维护。

第二，数字货币在使用范围上突破了虚拟货币只能在某个虚拟空间使用的限制，也就是说，数字货币可以在真实世界里使用，它是双向流通的。目前，全球有不少人在跨境支付时，已经在使用比特币了。

一些黑市交易为了规避各国政府监管会选择使用数字货币，因而容易让人觉得数字货币天生带着某种罪恶，其实不然。数字货币是一种全新的形态，本身没有善恶。它交易自由，成本低，交易安全性也较高。它就像一把利剑，拿在大侠手中还是强盗手中，会有完全不同的效果。

我们所处的世界，已经存在多种数字货币，我挑选其中最有代表性的 3 种介绍给大家。

比特币

2008 年 10 月 31 日，有个网名叫"中本聪"的人发表了一篇题为《比特币：一种点对点的电子现金系统》（*Bitcoin：A Peer-to-Peer Electronic Cash System*）的论文，并于 2009 年 1 月 3 日发布了

第一章　从钱开始

全球第一个比特币软件。

用一句话概括，比特币是一种以区块链作为底层技术的加密货币，它不隶属于任何一个国家或组织，跟世界上现存的各种法币、金属储备都没有关系。参与者可以通过复杂的计算机运算，在"比特币协议"（被称为矿山）里发掘出比特币，这个过程就叫"挖矿"。

在比特币协议里，一共包含 2 100 万个比特币，截至 2021 年 7 月，已经有 1 900 万个被世界各地的参与者挖掘出来，并在市场上流通，大概还剩 220 万枚比特币有待"挖掘"。"挖掘"比特币，最重要的成本除了大型电脑设备外，就是电力。当你听到比特币"挖矿机"时，千万别想象成矿工在深山里汗流浃背戴着安全帽工作的场景，实际上是堆在一起的大型电脑，24 小时持续不停地运算"挖矿"。

比特币到底值多少钱呢？

2009 年 1 月，中本聪发布首批 50 个比特币时，根本没人把它当回事儿，那更像是极客（Geek，指智力超群、善于钻研、对计算机和互联网技术有狂热兴趣的人）小圈子里一种消磨时光的游戏。一年之后的 5 月 22 日，据说第一笔公开的比特币交易，是有人花了 1 万个比特币买了 2 个比萨。2021 年 7 月 30 日，当我写下这段文字的时候，比特币的实时交易价格是：1 个比特币 = 39 715.80 美元。

过去半年时间，比特币经历了暴涨与暴跌，并于 2021 年 4 月 14 日创下了每个 64 895 美元的历史最高位。未来，比特币能不能重回甚至突破 6 万美元大关，又或者会不会像很多人担心的那样变得一文不值？这谁也说不准。只是，如果真有人在 2010 年 5 月用 1

万个比特币买了2个比萨,我猜他现在的心情一定很差。

中本聪发明比特币,在一定程度上反映着他的价值取向。或许他认为,人与人之间,国与国之间,不需要人为地设立起各种藩篱,增加交易成本,降低交易效率。所以,他创造了比特币——一种试图在全球自由行走的数字货币。如果他的梦想成真,持有这种数字货币去世界任何一个角落,都不用再兑换外币了。同时,这个系统向所有人开放,并且因为有了区块链技术的保驾护航,它的记录永远不能被篡改。

世界各国绝大多数的政府都对比特币进行严格监管,很大程度上是因为脱离了政府的监管,比特币存在着很多风险。

为了让大家更好地理解比特币和区块链,我们还是回到四方村。

西街的李三娘,因为掌握了货币的印制和发行权,逐渐变成了西街的"扛把子",她用那些画来的钱盖了大房子,买了最新款的牛车,还组建了一支几百人的军队,谁都无法再撼动她的地位。每天晚上,她没事儿就偷偷画贝币,已经不在乎贝币和鸡蛋需要一一对应的基本原则。于是,西街市场上的鸡蛋、牛肉都没有增加,贝币却越来越多。乡民们逐渐发现,原来1个贝币换1个鸡蛋,30个贝币换1斤牛肉,可现在2个贝币才能换1个鸡蛋,60个贝币都不见得能换到1斤牛肉。他们虽然不知道这就叫"通货膨胀",但他们的不爽是相当真实的。

不仅西街出现了这样的现象,南街、北街、东街都如此。而且

第一章　从钱开始

随着各条街的乡民日益频繁的交往，贝币、鱼骨币、谷币、石币相互间的流通也越来越频繁。各街上的"扛把子"，为了保护自己货币的使用效果，陆续出台了一些规矩。比如，各街的乡民不能私下兑换货币，只能通过各条街的"扛把子"换，"扛把子"或多或少还要收结算和手续费用；又比如，东街的乡民每年只能换100个贝币，或者50个石币，不能随便带到别的街去买东西。

这时，南街有个从小就不服管束、热爱自由的小伙子王小浪站了出来。他和别人一样，对现状不满；和别人不一样的是，他决定用实际行动改变四方村的现状。有一天，王小浪指着太阳说，从现在开始，我规定世界上有2 100万个阳光币，任何人在任何地方，每做1 000个俯卧撑，太阳就会奖励你1个阳光币。为了确保没有人能像李三娘那样，偷偷画贝币，所有参与这个游戏的人，每人发一个账本，四方村里谁在什么时间获得多少阳光币，所有人都在自己的账本上记一笔，这样就不可能有人篡改记录了。

这个人人都记账的设计，就叫"区块链"。在阳光币的世界里，不会再有某个李三娘这样的"中心点"了。去中心化，就是区块链技术的核心之一。

俗话说得好，"理想很丰满，现实很骨感"。这个游戏听起来有点儿意思，可它不就是一帮过于理想的孩子瞎胡闹嘛。四方村里没多少人真把这当回事儿，特别是各条街的"扛把子"，压根儿没觉得这事儿跟自己有什么关系。

然而，事情在悄悄发生着变化。每天早上起来，小溪旁、原野上，都有不停做俯卧撑的少年的身影，他们都很喜欢阳光币的理念，对其深信不疑，达成了共识。随着参与人数的增加，他们之间自然而然就开始了交易。西街有个女孩特别喜欢阳光币，可惜她体能一般，做不了那么多俯卧撑，于是，她对隔壁已经得到 3 个阳光币奖励的男孩说："可不可以用我家的 2 个烧饼换你 1 个阳光币？"那男孩正好肚子饿，再加上对女孩有好感，立刻就同意了。第二天，街对面有个男孩来找女孩，他懒，可是他也想要阳光币，于是他说："能不能用我家的 1 只鸡换你那个阳光币？"女孩是个孝顺孩子，虽然喜欢阳光币，可一想到 1 只鸡可以改善一家的伙食，咬咬牙就同意了。这个男孩不是别人，是西街首富钱贝贝的儿子。回家后他爹问他鸡哪儿去了，他就把这件事和盘托出。钱贝贝很有商业头脑，他眼珠一转，心想：1 个阳光币昨天值 2 个烧饼，今天就值 1 只鸡。这个涨幅十分给力啊！管它有什么用，我先囤点儿再说。

于是，本来小圈子里一个听起来不太靠谱的游戏，因为越来越多的人达成共识，它就变得越来越真实了。四方村的乡民们，有不少人都参与了进来，大家逐渐发现阳光币的好处。比如东街的人想去南街买牛，不用管每年 100 个贝币的兑换额度的限制，直接拿阳光币交付就行。又比如西街的人想去北街旅游，也不用非得去李三娘那儿排队换石币了，还得凭空被她挣去一笔手续费。而且，因为阳光币的上限已经被设定好了，不会超发，获得币的方式也只有 2 个：要不你自己去做俯卧撑，等着被系统奖励；要不你按照当时的市价去找别人买。

阳光币向所有人开放，取得的机会均等，是公开、透明、平等的。并且,阳光币的发行、流动,每个人随时都在自己的账本上做记录,谁也没机会悄悄篡改。

不过阳光币也存在一些问题。它的价值变动实在太大了,今天值1只鸡,明天就有可能值1头牛,后天,有可能又降成了1只羊,拥有阳光币的人也不舍得真拿它来买东西了,大家都存着,把它当作一种投资,于是,市场上的阳光币就越来越少。作为货币,重要的功能之一就是交易媒介,如果没有人用它交易,也就很难说它真是种货币。

Libra

Libra 这个词是不是看起来有些眼熟?没错,你如果是星座迷就一定知道,Libra 是天秤座的英文,它代表了公平、正义。此外,在法语里,"Libre"还有自由的意思。

2019 年 6 月 18 日,全世界最大的社交网络公司脸书(Facebook,于 2021 年 10 月正式改名为 Meta),发表了一份名为《Libra 白皮书》(*Libra White Paper*)的商业计划书,宣布计划在 2020 年推出一种稳定的数字货币——Libra。根据白皮书的记载,"Libra 稳定币的出现,将作为一种简单的全球货币和金融基础架构,惠及数十亿人"。

什么是稳定币?简单地说,就是不要像四方村的阳光币那样,价值在市场供需双方的博弈下产生巨大波动。按照白皮书的说法,

1个Libra＝1美元，价值稳定不变，并且想要获得Libra只能通过法币购买。

那Libra有什么好处呢，它如何惠及数十亿人呢？

种种原因，这个世界到目前为止，仍然有17亿人没有银行账户。在当下这个时代，我们可以想象没有银行账户的生活是多么不便。而我们这些拥有银行账户的人，有没有计算过每年需要为银行支付多少成本，包括管理费用、手续费用、结算费用等。

赵钟隐满16岁了，终于拿到了自己的第一个身份证。他迫不及待去银行开了账户，把这几年攒的压岁钱和零花钱，一共2 000元都存了进去。到年底时，他发现自己的账户没挣到什么利息，还被扣了10元，去银行一问才知道，原来因为他的账户存款没达到10万元，不但很多理财产品没有资格购买，银行每年还要收取10元的账户管理费。折腾半天，存在银行里的钱没能生钱，反倒被银行"吃"掉了一些。

《Libra白皮书》里有这样一句话让我印象非常深刻，"20年前，在欧洲发送一条短信的平均价格是16欧分。如今，钱少的人却要为金融服务支付更多的费用。他们辛苦赚来的收入都被手续费侵蚀了，如汇款手续费、电汇手续费、透支手续费及ATM机手续费等。"这句话本身彰显着平等、开放、自由的互联网精神。

有人或许会问脸书是什么，它像微信和QQ的结合体，到2019年年底，脸书家族在全球已经拥有29亿用户。

第一章　从钱开始

脸书宣布要发行 Libra 的消息，受到全球政府、股市、新闻媒体的关注。而且马克·扎克伯格（Mark Zuckerberg）邀请了 20 多个商业巨头合作，以下是几个大家耳熟能详的。

- 新兴互联网巨头——优步（Uber）、易贝（eBay）、贝宝（PayPal）。
- 老牌超级金融机构——万事达卡（MasterCard）、维萨（VISA）。
- 全球第二大移动通信网络公司——沃达丰（Vodafone）。

这 20 多家公司的业务涵盖了很多我们日常的生活场景——交电话费、出门打车、上网买东西等。它们加入 Libra 体系，意味着未来跟它们有关的交易，大家都可以用 Libra 支付了。这 20 多家创始会员公司在全球的用户总数虽然没有确切统计数据，但毫无疑问，数字一定是惊人的。并且，脸书准备把创始会员逐步发展到 100 家，届时它会放弃目前的主导地位。所有的创始会员完全平等，它们将代表 Libra 的所有用户，互相合作、互相监督，把传统金融机构每年在各项金融服务上赚取的巨额利润，秉承互联网的普惠精神，分享给全世界的百姓。

2020 年 4 月 16 日，Libra 项目官网发布了更新版白皮书。2.0 版本的白皮书较上一版，做出了 4 项关键变更，具体如下。

（1）除了提供锚定一篮子法币的币种外，还将提供锚定单一法币的稳定币。

（2）通过强大的合规性框架提高 Libra 支付系统的安全性。

（3）在保持其主要经济特性的同时，放弃向无许可公有链系统过渡的计划。

（4）为 Libra 的资产储备建立强大的保护措施。

DCEP

接下来要介绍的这种数字货币，和我们的生活息息相关。你可能没见过比特币，未来也不一定能见到 Libra，但是 DCEP，很可能在不远的将来就会出现在你的手机账户里。

DCEP 是 Digital Currency Electronic Payment 的简写，中文名是央行数字货币。它是中国人民银行正在研究的法定数字货币和电子支付工具，2020 年 4 月开始内部封闭试点测试。

DCEP 最重要的意义在于，它不是现有货币的数字化，而是 M0——市场中流通现金——的替代。这可以节省诸如印刷、铸造、运输、储存、安保等成本，也可以在一定程度上杜绝假钞、被抢、被盗等风险。

听起来不错，可它怎么到我们手中呢？跟纸币的逻辑一样，央行印好纸币之后，各商业银行缴纳货币发行基金，就可以把纸币运到各个银行网点了，老百姓再去兑换。DCEP 与之类似，只不过省去了印制、运输这些烦琐又高风险的环节。

DCEP 采用双层运营体系，即央行不直接对公众发行和兑换 DCEP，而是先把 DCEP 兑换给指定的运营机构，如商业银行或其

第一章　从钱开始

他商业机构，再由这些机构兑换给公众。所以，如果有人说，DCEP 发行之后商业银行就没有存在价值了，要倒闭了，那是无稽之谈。

DCEP 的特点可归纳为以下几点。

(1) 法偿性。不同于比特币和 Libra，DCEP 本身就是法币，具备法偿性。

(2) 信用高。因为它是法币，所以由国家信用背书，基本上没有作废的可能。由企业发行的就不同了。无论当下看起来多么声势浩大，纵观历史，企业破产的概率总是高于国家。所以你就不用担心未来在 DCEP 账户里存钱了。

(3) 双离线。收支双方只要有电，没有网络也能进行支付。中国的互联网基础设施建设在全球都是领先的，但并不是所有发展中国家都是这样。在非洲，还有"一带一路"沿线的许多国家，由于地理、经济等因素，互联网赖以存在的地下光缆、基站都无法铺设，所以很多国家或地区是没有网络的。没有网络，意味着所有的数字货币、电子支付都施展不开拳脚。而 DCEP 的"双离线"设计就不一样了，只要双方的手机都有电，无论是打算在雪山上请个向导，还是在沙漠小镇里买瓶水，点点手机屏幕，钱就转过去了，不需要有网络信号。

(4) 应用广。DCEP 的发行，对商业银行的影响不大，但毫无疑问，它的出现会在很大程度上改变我们的支付习惯。支付宝和微信支付，已经让越来越多中国人出门不带钱包了。但它们彼此之间有很高的壁垒，你在微信支付和支付宝里的钱不可能互转。这一情况很有可能被 DCEP 改变。同样是电子支付，现有第三方支付的便利性它都有，但 DCEP 还有更多好处：信号不影响使用；所有商家必须接收；你的网络银行，包括各种第三方支付里的钱，都可以和 DCEP 自由流通。未来，你父母的工资或许也会以数字货币的方式发放到 DCEP 账户，你父母给你的零花钱也可以用数字货币的方式转到你的 DCEP 账户。所以，DCEP 将来很可能成为你最常用的 App。

自从 2016 年 10 月 1 日，IMF 将人民币纳入 SDR（特别提款权）货币篮子，"人民币国际化"一直是金融媒体热议的话题之一。DCEP 的发行，毫无疑问，为人民币的国际化奠定了基础。

那么，DCEP 现在发展到什么阶段了呢？2020 年 4 月 17 日，央行表示 DCEP 研发工作稳妥推进，基本完成顶层设计、标准制定、功能研发、联调测试等工作，DCEP 率先在深圳、苏州、雄安、成都进行内部封闭试点测试。

到这里，货币的历史沿革、各国的货币、汇率与兑换、时下最热门的数字货币，还有和我们息息相关的中国数字货币现状，都介绍给大家了。在下一章中，我们一起去看看，从古到今，钱是如何流动起来的。

第一章　从钱开始

虽然国与国之间有地理边界，可在我眼中，一个国家的影响力，很大程度上并不取决于它的地理边界，而取决于它的货币、金融体系，以及它的文化和价值观为它开拓的新疆界。

每个人看世界都有自己的角度，这跟其接受的教育、读的书、专业背景、个人经历息息相关。我希望你们能通过阅读本书拥有一个全新的视野，让眼前的世界更加立体，更加多元。我也相信，青少年时期就系统接受财商教育的你们，在面对未来的竞争和选择时，会更加智慧，更加从容。

第二章
无脚走天下：钱的存储与支付

第二章　无脚走天下：钱的存储与支付

第一章里我们讲了"钱"的前世今生，了解到货币最基本的三大功能是：交易媒介、记账单位和价值储藏。

交易媒介，这一点好理解。无论你买什么东西，一本书、一张电影票，或是一辆自行车，都需要用钱（无论是有形的，还是无形的）。等毕业那天，你把自己的学习笔记拿去卖，收到的也是钱。

记账单位，这一点在生活中也很常见。比如，一本书20元，一张电影票35元，一辆自行车980元。除了这些有形的商品，还有很多价值也是用货币来表述的。比如，你爸爸每个月工资为20 000元，你的同桌上次借了你10元。

价值储藏，指货币可作为一种载体将价值存储起来。比如以前人们把金银铜币放在家中，就是价值储藏。货币是价值储藏的载体，但并不是价值储藏的唯一载体，像房子、土地、金银玉器、艺术品等，只要是对人们有用、有价值，且方便储藏的东西，都具有价值储藏功能。

在本章里，我们会重点讲一讲钱作为交易媒介通常是如何完成支付的。

一手交钱，一手交货

我的少年时期是20世纪90年代，对于现在的青少年来说，那可能是一个遥远的年代。那时的支付形式很简单，可以简单理解为"一手交钱，一手交货"。每个星期一早晨，妈妈给我一张10元的纸币，我把它小心翼翼地装在衣服口袋，或是夹在某本书里，去买校门口1.7元一碗的牛肉面或者书摊上2元一张的精美贺卡。

支付只在我和卖货的商家之间进行。这样的方式，有利有弊。好处是它不会产生任何额外的费用，也不会有时间上的延迟，它是即时发生的。当然，也有一些坏处，比如某小吃店老板应该找我5毛钱，等我回家发现只有4毛钱，再回头找他时，就比较难解决。因为无法证明是老板少找了，还是我弄丢了。这时倘若有个证人在旁边，问题就好解决了。

那个在我少年时期一直没有出现的重要"证人"，在2003年因为一家购物网站，突然就来到了我们身边。那家重要的网站就是"淘宝网"。那个十分关键的"证人"就是"支付宝"。

它的重要作用我会在后文详细介绍。在此之前，我们还是先回到20世纪，看看中国的货币存储凭证和支付方式，如何在短短二三十年内发生了翻天覆地的改变。

第二章　无脚走天下：钱的存储与支付

神秘的小红本：存折与支票

一些电视剧里可能有这样的场景：身患重病的父亲躺在床上，颤颤巍巍地从枕头下摸出一个皱皱巴巴的小红本，神情凝重地交给儿子。儿子痛哭流涕几番推辞，最终还是小心翼翼地把小红本收在自己上衣贴身的口袋里。

那个引发剧情高潮的小红本是什么呢？它叫作存折。电视剧里，父亲交给儿子的很有可能就是他一生的积蓄。

银行卡普及之前，存折是中国人最主要的存款凭证。你去银行开户存钱，银行会给你一个小红本，上面印有你的姓名、开户行名称、账号、利率、存款类型、存款余额等。之后你每次去存钱、取钱、转账，银行柜台的工作人员都会拿着你的小红本，刷一下背后的磁条，再把它放在一个神奇的打印机上操作一番，那些交易明细就会一行行地印在你的存折上。比如，在哪年哪月，你存入多少钱，取走多少钱，得到多少利息等信息。明细多到一本存折打印不下时，银行就会再发给你一个新的小红本。

除了你自己主动开户存钱会得到存折外，那时绝大多数的用人单位为了发工资，也会为员工统一开立银行账户，所以你至少还会有一个专门用来领工资的存折。

上面介绍的这些，很多青少年可能会觉得离自己十分遥远，但实际上存折在今天中国许多小城镇和农村地区的使用率依然非常高。比如政府发放的许多针对农村地区的补助、基层公务员工资、代发的乡村教师工资，都依然是以存折的形式发放。

请记住，存折不同于银行卡，不具备支付功能，它只是银行账户的一个纸质凭证。

近10年，存折才渐渐淡出了中国主要城市的银行网点。在我工作的前七八年里，北京市的医疗保险、住房公积金等，都还是以存折形式发放的。说起来，我也算是亲历过"存折时代"的人。

想要真实地了解我们所处的时代，只看到身边的方寸是不够的，更重要的是去了解我们的目光从未抵达的世界。

存折为什么会被时代淘汰？因为它实在有诸多不便。银行卡可以办的许多事儿存折都办不了，比如网上支付、刷卡消费、在ATM自助存取款等。除此之外，它的"硬件"也令人担忧：纸质存折不环保、易磨损、易燃烧，还有被撕毁的风险。此外，存折后的磁条也常常有消磁需要"补磁"的现象。更别说隐私了，你有多少钱，花了多少钱，把钱转给谁了，存折上都印得清清楚楚，任谁翻开都能一目了然。

银行卡在中国广泛使用之后，银行网点的排队压力小了很多，许多业务都可以通过电话银行、网上银行、ATM办理。效率的提升，也是"存折时代"无法比拟的。

我国的现代金融体系起步较晚，但是发展得很快。这样的状况导致我们跳过了一些发达国家盛行多年的金融产品，比如个人支票。

有一部非常有名的美国电影，由史蒂文·艾伦·斯皮尔伯格（Steven Allan Spielberg）导演，莱昂纳多·迪卡普里奥（Leonardo Dicaprio）、汤姆·汉克斯（Tom Hanks）等主演，还曾经荣获第75

第二章　无脚走天下：钱的存储与支付

届奥斯卡金像奖，它的名字叫《猫鼠游戏》或《逍遥法外》(*Catch me if you can*)。这部电影讲的是一个智商超群的流浪小子，通过伪造个人支票、证件，在世界各地享乐人生、逍遥法外，最终被美国联邦调查局抓获，成为最年轻的金融诈骗犯的故事。

这个故事并不是凭空虚构的，莱昂纳多饰演的角色人物原型——弗兰克·W. 阿巴内尔（Frank W. Abagnale），16岁时因父母离异而离家出走，冒充泛美航空公司的飞行员周游了美国和欧洲的20多个国家，而且他还通过伪造个人支票诈骗了几百万美元供自己在旅途中挥霍。为掩人耳目，他的身份千变万化，有时是受人尊敬的医生，有时是州大法官的助理，而根本没读过大学的他，还成功地假扮过某名牌大学的教授。

电影主人公的行为我们应该引以为戒，不过电影中涉及的金融场景却是我们学习金融知识的好机会。如果你对美国个人支票体系完全陌生的话，刚开始看电影时，你可能会不明白莱昂纳多拿着刀片、涂改液之类的东西，在那一厚沓长条纸上吭哧吭哧地改什么。你看到的长条纸就是个人支票簿。简单地说，个人支票是建立在个人信用基础上的支付凭证。

在美国，如果你去银行开户存款，就会收到一本个人支票簿，上面印有你的姓名、地址、账号等信息。之后，无论你是理发还是交房租，都可以用支票来完成支付。你需要在支票上手写需要支付的金额、用途、收款方的信息，最后别忘了签名，再把这张纸撕下来交给收款人，你的工作就算是完成了。收到支票的人需要保存好这张纸，等哪天去银行把这张支票对应的钱兑出来存在自己的账户里。这一笔交易的支付才算最终完成。

是不是听起来就很麻烦？的确，随着科技不断发展，即便在英美，曾经使用非常普遍的个人支票，也有逐渐淡出历史舞台的趋势。

那么中国有没有个人支票业务呢？其实是有的，只是不普及。早在20世纪八九十年代，国内一些银行就已经在试点推行个人支票业务了。但是在中国申请个人支票门槛比较高。大多数银行都要求申请人满足3方面的要求：第一，账户余额不低于1万元；第二，提供收入证明等能证明个人信用和还款能力的文件；第三，开户人有所在市户口，或者由具有所在市户口的居民担保。这样一来，还有多少人愿意大费周章地申请个人支票呢？何况就算申请成功了，中国能接受个人支票的商家也较少。

我国的个人支票业务较难普及，很大程度上是因为早年间我国的个人征信系统不太健全。针对申请人，银行不清楚他的信用状况，而个人支票业务的基本逻辑是"先消费，再支付"，一旦"遇人不淑"，银行和商家就追悔莫及了。所以，银行设立了较高的申请门槛。而商家不愿意接收个人支票，一是因为兑换支票的便利性远不如银行卡，二是怕遇到骗子。即便事后可以通过法律手段解决，那也需要耗费大量时间和财务成本。

还有一个很重要的原因，是时机。

近年来，我国个人征信系统逐渐完善，个人支票业务也不再需要设立那么多门槛，推广也很容易。但是随着电子支付体系越来越发达，加之数字货币也在迅速发展，个人支票业务曾经最为推崇的"安全性""交易费用低"，也就不再有优势可言。

因此，个人支票时代就这样被跳过了。那为什么我还要把它讲给大家听呢？

世界那么大，你不想去看看吗？既然要走出去，就保不齐会有遇到支票的时候，希望那时的你，不用像我当年第一次见到个人支票簿时那样茫然无措。

暑假来临，肖莓提前两个月就在网上报名了美国一家中学的暑期夏令营。夏令营正式开始前，他收到学校的通知邮件，要求其将3 000美元报名费通过"旅行支票"的方式支付给学校。肖莓不知道"旅行支票"是什么东西，而他爸爸肖筱白也"丈二和尚摸不着头脑"。两人只能一起去中国银行咨询。原来"旅行支票"是为了方便国际旅行者在旅行期间携带并支付费用，而发行的一种固定面额票据，可在全球广泛使用。

肖筱白花了22.5美元（手续费通常为购买面额的0.5%—1%）购买支票，柜台服务员提示他，在美国兑换支票时也需要支付相应的手续费。

"旅行支票"是否真的便捷且成本低廉，与每个人的需求有关。对我而言，支票通常是我的最后选项。

成人世界标配：借记卡

你有没有数过爸妈钱包里有多少张银行卡？这么多卡片摆在面

前会不会让人眼花缭乱？从一定程度讲，银行卡是成人世界的入场券。想要了解成人世界的规则吗？先从认识这些卡片开始吧。

大致上，银行卡分作两类：借记卡（Debit Card）、信用卡（Credit Card）。

借记卡，就是大家常说的储蓄卡，你需要先把钱存进去，才可以消费。借记卡具有转账、存取现金、刷卡消费和理财的功能，但不能透支，也就是说，你存进去多少钱，就只能使用多少钱。

信用卡，也叫"贷记卡""透支卡"。它的特点是不用先存钱，发卡机构会根据对你的信用评估给你一个信用额度，在此额度内你可以先消费，再还款。

借记卡在中国的历史并不长，它是20世纪90年代才出现的。

1993年6月，国务院启动了以发展电子货币为目的、以电子货币应用为重点的各类卡基应用系统工程——金卡工程。目标是在全国400个城市覆盖3亿城市人口的广大地区，基本普及金融卡的应用。

> 中国第一张借记卡是由哪家银行发行的？
> 1996年8月，由中国银行发行中国境内第一张具有国际标准的人民币借记卡——长城电子借记卡。

自那时起，银行开始争相发行银行卡。推广初期，很多老百姓还是"固守"存折的阵地，最主要的原因是钱"进"钱"出"，存折上一笔笔打印出来，看得很明白；小小一张银行卡，什么字都没有，工资存进去多少钱，商场扣了多少钱，都不清楚。

今天的你们可能理解不了这种担忧，现在支取信息和消费记录都会通过微信或者短信发给持卡人，就算是没收到信息，也可以随时去网上银行查询。

在今天看来这一切都不是问题。然而在1993年，那可是一个连手机都少见的年代，至于"网"是什么东西，很多人都没听说过。

银行卡的推广，毫无疑问让老百姓的日常生活和企业间的商业活动都便捷了很多，从某种程度上推进了中国商业社会的进程。

2000年夏末秋初，我去重庆读大学。出发前父亲带着刚满18岁的我去银行办了我人生中的第一张银行卡。现在回想，整个办理过程我都懵懵懂懂，这张卡片的用途和使用方法，我并不十分清楚，只记得当银行工作人员让我设置取款密码时，我大脑一片空白，不知该选取哪6个数字作为至关重要又不容易被破解的密码。一番周折之后，我终于拿到了属于自己的第一张银行卡，那一刻心中的兴奋和紧张，时隔多年依然清晰记得。有了这张卡，我终于可以像成年人一样，独自上路，仗剑走天涯了。

转眼间，那串数字我已经用了20年，如果你也即将去银行办理人生中的第一张借记卡，你想好选取哪6位数字作为密码了吗？

而借记卡能做哪些事呢？大致来讲有以下四种。

取现

取现指的当然是取现金。你可以根据需要把存在卡里的钱随时取出来。去银行柜台取现金时金额没有限制，原则上你存了多少就可以取多少，但取款额度超过且含 5 万元时必须出示身份证。如果你要把钱全部取出，银行柜台的工作人员通常会建议你留一定的余额来保留账户，否则可能会被注销账户。当然，你也有权利随时注销账户。

还有一种取现的方法，就是去 ATM。不过 ATM 取款时有金额限制，每日累计取款上限是 2 万元。

ATM 的好处是便捷，不用带身份证，通常也不用排队。那么，ATM 有什么缺点呢？除了上文介绍的金额限制之外，在 ATM 取款后千万要记得把卡拿出来。因为忘记取卡而被 ATM 吞卡，是会经常发生的事。

转账

这是借记卡非常重要的一个功能。用借记卡转账，可以去银行柜台办理，也可以在 ATM 操作。使用 ATM 转账，每日每卡转出金额不得超过 5 万元。当然，也可以在网上银行或者手机银行操作。通常情况下同行转账是没有手续费的，如果跨行，就会有 0 到 50 元不等的手续费。手续费的多少取决于你选择的银行、转账的方式，以及转账的金额。

一般来说，不论选择哪个银行，通过手机银行的方式转账成本都是最低的，而国有银行和股份制商业银行相比，收费相对更高。当然，国有银行的银行网点也相对更多。

理财

如果你的借记卡里有富余的钱，千万别让它"闲着"。银行里"钱生钱"的方式有很多，大致可以分为存款和理财两种。哪种风险低，哪种收益高，如何从众多理财产品中挑选出适合自己的那一款，第五章会详细介绍给大家。

总而言之，让钱"动"起来是我们应该具备的最基本的意识，而这种意识应该从小就开始培养。

刷卡消费

这应该是大家对银行卡最直观的认知了。我大女儿3岁时有次跟朋友的孩子玩过家家，我不经意地瞥了一眼，发现她们假装在餐厅用餐，最后付款的动作就是拿出一张玩具卡片刷一下。那一刻，我意识到时代的变化有多快了。我如今还能回忆起童年时和邻居小女孩玩的过家家游戏：拿着一堆枯树叶假装上公交车买票，不同大小的树叶代表不同金额的车票，分别是1毛、2毛和5毛。

那个年代的少年对银行卡没有概念，对消费行为也缺少认知，而21世纪的你们，与商业社会接触频繁，你们需要了解银行卡的来龙去脉，知其然，更要知其所以然。

大概有人要问，既然借记卡也能刷卡消费，我们为什么还要用信用卡呢？这是个很好的问题。让我们进入下一节——信用卡。

明天的钱真的可以随便花吗

信用卡是怎么产生的呢？先给大家讲一个故事。

1950年的某一天，美国纽约的信贷专家弗兰克·麦克纳马拉（Frank McNamara）在一家餐厅用餐，吃完饭才发现没带够钱，只得让太太送钱过来"赎人"。这次狼狈的经历让他产生了创建"食客俱乐部"（Diners Club）的想法。任何人获准成为俱乐部会员后，带一张就餐卡到指定的27家餐厅就可以记账消费，不必付现金。这就是全世界最早的信用卡——大来卡。后来，随着与俱乐部合作的商家逐渐增多，可提供透支服务的行业也越来越多，也不仅仅局限于餐饮业。

那么，大来卡是如何挣钱的呢？主要来源有两个渠道：一是向持卡人收取年费；二是根据交易金额的一定比例，向合作商户收取手续费。

你大概会问：持卡人和签约商户，为什么甘愿被中间人分去这样一杯羹呢？

为了回答这个问题，还是回到我们熟悉的四方村。

赵二狗看了一圈世界归来，生活境遇比以前有所改善，但花钱大手大脚的他免不了时常囊中羞涩。好几次他路过李三娘家门口，想买鸡蛋却发现身上没钱。李三娘其实也很想把鸡蛋卖给他，反正不卖给他放几天也会坏。两人眼神交汇的瞬间产生了火花，赵二狗说："三娘，不如这样，鸡蛋你赊给我，月底的时候我来结账。"李三娘想试试就试试，都是村里街坊，赵二狗也跑不了，大不了亏几个鸡蛋。于是，她把鸡蛋给了赵二狗。很快到了月底，赵二狗果然来还钱了。李三娘很开心，自己没有任何损失，还多做了一单生意。

赵二狗意识到，这可能是个商机，像他一样存款不多还时常消费的人，四方村里比比皆是。如果他能把这些人组织起来，对商户来说也是笔不小的生意。于是，他勇敢地敲开了隔壁王大爷家的门，苦口婆心地劝他也加入自己的"二狗俱乐部"，保证他以后每个月能比现在多卖出去一百斤牛肉。王大爷看着赵二狗在李三娘那儿赊鸡蛋，也都按时还了钱，这事儿风险好像也没那么大，就抱着试一试的心态加入了。

很快,"二狗俱乐部"的会员和合作商家都越来越多,大家逐渐习惯了这样的消费模式,赵二狗知道变现的时刻到了。他对会员说:"乡亲们,我磨破嘴皮才说服那么多商铺加入咱们俱乐部,让你们在现金吃紧时也能给孩子吃上鸡蛋、牛肉,还要承担你们当中万一谁不靠谱不能按时还钱,我得自己垫钱的风险。你们是不是考虑每年给我10个贝币作为酬劳?"会员们觉得这个要求很合理,每年花10贝币,就能享受这么多商家先消费后结账的服务,值!

转过头,赵二狗又去和李三娘他们这些商户老板谈判:"各位老板,我替你们算过账了,'二狗俱乐部'这几千个会员每月可以为你们增加至少20%的销量,未来我们的会员还会增加,我从会员的每一单消费里收2%手续费,不过分吧?"生意人都很精明务实,大家在心里算了算账,薄利多销的道理谁不明白,于是也都爽快地答应了赵二狗的要求。

赵二狗的俱乐部越来越大,钱赚得越来越多,但有件事他还是常常担忧。会员里99%的人都很有信用,但总有那么一两个人到了月底就是不还钱,有的拖一两个月,有的索性就"人间蒸发"了。这种时候赵二狗就得拿出自己的贝币去垫资。对于那种过了一段时间到底还是还了钱的人,赵二狗会多收他几个贝币作为处罚;对于那种干脆"人间蒸发"的人,赵二狗会把他拉进黑名单,在村子的小广场上曝光他的个人信息,通知所有商户再不要赊账给他。而他亏欠商户的钱,就得赵二狗自己还了。

赵二狗算了笔总账,即便有这种收不回来的钱,总体他还是赚

第二章　无脚走天下：钱的存储与支付

钱的，可他依然不想承担这种资金风险，总是提心吊胆也不好受啊。于是他想到一个好办法：把俱乐部的利润分出去一部分给别人，从而把这种资金风险也转嫁出去。

钱贝贝是他的不二人选。赵二狗对他说："钱大哥，你看我们'二狗俱乐部'去年的财务报表，那真是令人欢欣鼓舞啊。不如这样，以后每个月月底你帮我给商户按期还钱，俱乐部会员再把钱还给你，万一有人不给你钱就算你的坏账。但是你放心，根据历史记录，我们的坏账率从来不超过1%，相应地，我把会员费和商户的手续费各分一半给你，保证你也赚得盆满钵满。"

钱贝贝最大的优势就是有钱。他到处琢磨钱生钱的办法，这个方案听起来不错。两人一拍即合。赵二狗虽然少赚了一部分利润，但从此再也不用占用自己的资金，基本上变成了"无本生意"，干赚！与此同时，钱贝贝也给自己花不完的钱又找了个"生钱"的好去处，何乐而不为。

赵二狗想到的好办法，很快也被麦克纳马拉想到了。他找的"钱贝贝"就是银行。大来卡就这样蓬勃发展了起来，时至今日股东虽然已经几易其主，但它在信用卡领域依然占据着重要的地位。

是不是很有趣？全世界第一张信用卡并不是银行这样的金融机构发行的。的确，金融创新很多时候并不来自行业内部，市场需求才是第一位的。无论是70多年前的信用卡，还是今天的数字货币，最早发明它们的人都不是金融行业的从业者。只要留心观察生活，也许你也可以成为下一个改变世界的人。

055

> 我们国家的信用卡是什么时候诞生的呢？
>
> 1985年3月，中国银行珠海分行发行了境内第一张信用卡——中银卡。此卡当时仅限在珠海地区使用，发行量较少。卡片左上角用春秋战国时的布币为标记，上面用小篆写着"中国银行"。卡片上1/3是红色，中间有一条白色间隔带，下半部分是银色（金卡为金色），卡号及有效期限都打印在下半部分，但是没有持卡人姓名。

珠海作为中国改革开放第一批向世界打开大门的沿海城市之一，20世纪80年代已有不少外商、港商前来投资或者度假，他们把在国际上已经通行30年的信用卡消费模式带入内地，珠海一些大型酒店、餐厅也开始有了接受银行卡支付的机器。在这样的时代背景下，中国银行珠海分行把握机遇、顺应潮流，发行了中国的第一张信用卡。

那个年代，刷卡消费可不仅仅是为了便捷，同时也是身份和信用的象征。

你是不是有些惊讶，我国信用卡的诞生竟然比借记卡早了10

第二章　无脚走天下：钱的存储与支付

多年。可为什么在它诞生的前十几年里，市场上的普及率似乎并不高呢？

这个原因是多方面的。比如说各银行之间的信息交换中心需要建设，全国的个人征信系统需要完善，还有很重要的一点，老百姓的消费观念需要转变。

20世纪80年代，信用卡刚刚诞生时，社会的中流砥柱是我们父辈那代人，他们经历过物质匮乏。跟有着这样成长经历的人宣传"先消费，后还钱"的理念，无异于要他们认可"寅吃卯粮"是个褒义词。

2002年3月，中国银联成立，银行卡可以跨银行、跨地区、跨境使用；同年5月，以工商银行为代表的各家银行，纷纷成立信用卡中心，大力推广信用卡业务。业界把2003年称为"中国信用卡元年"，各家银行纷纷加入热潮。2006年，中国人民银行个人征信系统上线运行。这个阶段是信用卡在我国发展最重要的时期。

这时，"80后"登上了历史舞台。这代人从小不缺吃穿，独生子女政策使绝大多数的家庭都最大程度地满足孩子的物质需求。当他们走进社会独立生活时，大多数是自己挣钱自己花，很多父母还会按月补贴。2001年，中国加入WTO（世界贸易组织），琳琅满目的"洋货"像潮水一样涌进来，你会发现商店里有那么多好东西让人想买，信用卡的推广真是恰逢其时。

经历过这个年代的人，钱包里有三五张信用卡是很常见的，七八张的也大有人在。我有个朋友，每到信用卡还款日就愁眉不展，因为她的开销已经远远超过了她的收入。有一次她兴奋地告诉我，发现了信用卡的一个超强功能——取现。于是，她从 A 卡里取现金还给 B 卡，再从 B 卡里取现金还给 C 卡，如此往复。

这个行为真的可取吗？让我们先来讲一讲信用卡的基本原理和功能。

银行怎么通过信用卡赚钱，看了前文四方村的故事，你应该已经大致明白了。时代发展到今天，很多银行为了争取客源已经不再向持卡人收取年费，或者刷几次就免年费。那么，它还向商户收钱吗？当然！

2013 年以前，根据商户行业性质的不同，消费者每刷一次信用卡，银行都会向商户收取 0.5%—4% 的手续费。这个比例看似不高，但积少成多，金额不能小觑。据统计，2012 年上半年，上市公司全聚德，仅金融手续费支出一项就达 628 万元；而百货业巨头王府井商场，金融手续费支出更高达 5 000 余万元。

随着信用卡的逐渐普及，越来越多的消费者不再用现金支付，小到社区超市，大到大型商场，越来越多商户也都装上了银行配备的 POS 机（刷卡机）。这笔手续费用使银行增加了可观的收入，却让很多商户，特别是小微商户，叫苦不迭。

肖筱妮带女儿夏河薤在路边馄饨铺吃饭，结账时店老板对她们说："对不起，您最好用现金支付，如果一定要刷卡，您得多付 2% 的手续费。"肖筱妮不解地问："什么意思？"店老板一脸无奈："这 2% 不是我收您的，是银行收的刷卡手续费。"刷卡手续费？夏河薤摇摇头，她记得，按照规定，这笔费用应该由商户承担，不能转嫁到消费者头上。店老板哭丧着脸说:"您说的没错,但我们是小本经营,本来就没什么赚头,再给银行交这么一笔钱,真干不下去了。"

那么,这笔钱到底该由谁出呢?

首先,你得像夏河薤一样,知道相关的法律、规章、制度,这些我们社会赖以正常运转的基本准则是如何规定的。

根据相关规定,在全国范围内使用银联卡刷卡消费,不分异地本地,持卡人都不会被收取任何手续费。刷卡消费后,商家须向银行支付一定比例的手续费。因此,如果刷卡消费时被要求加付手续费,持卡人有权拒绝,并可向中国银联的客服热线投诉。

可见,商家把刷卡手续费转嫁给消费者是一种违规行为。

那么,接下来,肖筱妮和夏河薤该怎么办呢?

夏河薤是个很有正义感的少年,她不认可店老板的这套说辞,如果人人都拿出自己的理由而不按规则办事,那他人的权益如何保障,法律的权威又当如何维护。她拿出手机,想要打银联的投诉电话,一旁的妈妈却不动声色地扫了一眼这间小店。在这间不足20平方米的小店角落里,一个穿着小学校服的男孩正趴在堆满了调料碗和酱油瓶的油腻腻的餐桌上写作业,店里灯光很暗,他的鼻子几乎要凑到作业本上了。他妈妈在半开放的厨房里满头大汗地包馄饨、煮馄饨。他爸爸一脸尴尬地站在肖筱妮母女身边,还不时转头满脸堆笑地招呼新来的客人。

"这样吧，老板，我们还是付现金吧。"肖筱妮说着递上一张百元钞票，老板连声道谢，很快把零钱找给她。肖筱妮轻拍着夏河薤的肩膀，"什么时候你都懂这么多了，妈妈真为你骄傲！你说的是对的，我也决不会向违规行为妥协。但是你看他们，连服务员都没雇，就靠一家三口支撑着小店，想来这馄饨铺的生意也就是挣个辛苦钱。如果我们打电话投诉，他十有八九会被罚款，那他家这个月的日子就更不好过了。所以，用现金付款，既没有破坏规定，也方便了他们。当然，我的选择不见得就是对的，下一次，你来帮我们做选择。"

我本科是学法学的，年少时也像夏河薤一样，对规则是非特别敏感。随着年龄渐长，在懂得更多的人性之后，我不再像20岁时表现得那么锋利与不妥协，内心深处滋长出更丰富的人生观。这就是"见"与"识"的力量。

学习为我们提供了更多的判断角度和依据，但这个世界上，其实不存在像考试题一样的标准答案。读更多的书，走更远的路，会让我们更好地理解这个世界，让我们的答案更加有意义，也更有温度。

像馄饨铺这样的商户还有很多，它们对银行收取刷卡手续费怨声载道。2012年11月，央行下发通知，下调各行业的银行刷卡手续费。2016年9月，国家发改委和央行又联合颁布新政策，取消了商户行业分类定价，并对借记卡、信用卡进行"一口价"差别计费。信用卡手续费为0.6%，上不封顶；借记卡为0.5%，单笔收费

第二章　无脚走天下：钱的存储与支付

最高 25 元。

金融领域里的政策变化，经常和我们的日常生活息息相关。

刷卡手续费的降低，会让商户的利润提高，从而间接增加地方税收，但银行的收入短期之内会有所减少，这对其股票价格或许也会产生冲击。同时，因为手续费降低，商户和消费者使用银行卡支付的意愿都会上升，这对于银行 POS 机的推广会产生积极影响，长期来看，使用规模提升后银行的收入又会逐渐上涨。

经济世界的规律其实很简单。你不需要记住每个政策，你只需要明白其中的基本规律就够了。

信用卡刷卡消费的原理和收费模式，你已经了如指掌。那么，用信用卡花掉的钱什么时候需要还给银行呢？这就引出了下一个关键词——账期。

从前一账单日第二天起算，到后一个账单日截止，这就是一个账期，大约 50 天。这期间所有的刷卡消费累加在一起，就是你的还款额。这 50 天里是免收利息的，所以也叫免息期。超过账单日不还钱，就叫作逾期。这时，银行就会对你收取违约金（滞纳金）和罚息了。滞纳金按照你账单最低还款额未还部分的 5% 计算。罚息自你未还款消费发生的当日起算，按照每日 0.05% 计算利息，一直到还清为止。如果跨月未还，还会按月计算复利。而且，逾期不只是要被多收钱，还会影响你的信用评级，未来无论你因为任何原因向银行申请贷款，或者只是想多办一张信用卡，都会受到影响。更有甚者，在银行多次催收后长期拒不还款性质恶劣的，一旦被银行认定为信用卡诈骗或恶意透支,还可能面临民事甚至刑事责任。银行的钱,不可以随便欠。

等你有了自己的信用卡后,以下 3 点建议送给你。

(1) 信用卡开卡后尽快把它和自己的借记卡关联,设置自动还款。一是方便,不用自己每个月手动操作还款;二是避免产生忘记还款的罚息和尴尬。

(2) 尽量不要使用最低还款额功能。使用最低还款额功能,到底会产生多少利息?简单来说,使用最低还款额后的日息为本期总账单的 0.05%,换算为年利率大约是 18.25%。而银行 1 年期贷款利率只有 4.35%,对比之下,可见信用卡的最低还款额功能的年利率实际上高得惊人。

(3) 尽量不要用信用卡提现。用信用卡提现,当场就会被扣除 1%—3% 的手续费,提现的金额按照日息 0.05% 计算,并且按月计算复利,年利率在 20% 以上。

信用卡提现这个功能,绝对不是你周转不开时的选择。还记得我前文提到的那个用 A 信用卡取现还 B 信用卡的朋友吗?她后来已经很节省了,但是因为提现欠银行一大笔钱,用了五六年才彻底还清。而且她的个人信用也因此受到了巨大影响,直到今天,她无论是买房还是买车,银行都不接受她的贷款申请。

关于信用卡,我希望你们能明白:信用卡的作用是让你们使用更便捷,它不可能改变你们的生活品质。如果想依靠它过原本

第二章　无脚走天下：钱的存储与支付

不属于你们目前收入水平该过的生活，那么你们离金融犯罪就不远了。

我们的生活离不开金融，银行无处不在。往往越有钱的人在银行得到的服务越好，被收取的服务费也越少。反之，当你的存款低于一定金额时，你不但需要为诸如转账之类的银行服务支付更多的费用，很多理财产品也是没有资格购买的。

但是接下来的话，我希望你能理解并记住：你和银行之间是平等的合同主体，享有平等的法律地位。无论你存了1亿元，还是1元，你的地位不会因为你存款的多少而有所改变。银行看起来是个庞然大物，但绝不意味着它所说的一切都理所当然。它也有许多需要改善的地方，甚至也会犯错。而且，机构作恶，往往比个人的危害程度更甚。当银行拒绝为你提供某项合理服务或者收取不该收取的费用时，你首先要知道，自己的合法权益是什么。

> 2017年8月1日，国家发展和改革委员会和银监会（2018年与保监会合并为银保监会）联合下发通知，自即日起，各商业银行通过异地本行柜台（含ATM）为本行个人客户办理取现业务实行免费（不含信用卡取现）。通知还规定，暂停收取本票和银行汇票的手续费、挂失费、工本费等6项费用。商业银行应主动对客户在本行开立的唯一账户（不含信用卡、贵宾账户）免收年费和账户管理费。相关措施实施后，预计每年可减轻客户负担61.05亿元。

藏在手机里的钱：第三方支付

第三方支付，对于你们来说应该很熟悉。你可能没有银行卡，但你一定用过支付宝或微信支付。没错，它们都是第三方支付。顾名思义，第三方支付，就是和买卖双方、银行没有关系的一个独立机构。

第三方支付，是指有一定实力和信誉保障的非银行机构，凭借自己在通信、计算机和信息安全技术方面的优势，与各大银行签约，在用户与银行支付结算系统之间建立连接，提供收款、付款的支付中介服务。

2003年5月，阿里巴巴投资创办淘宝网。这个全新的购物模式，让当时最潮的年轻人兴奋不已，但是，由于信任问题解决不了，浏览网站的人很多，下单的却不多。消费者不知道自己面对的卖家是男是女、是好人还是坏人，也不知道对方的商品是不是像图片上拍得那么好。万一质量没有保障要退换货，该谁负责呢？要知道那时连阿里旺旺这个即时聊天工具还没有。

5个月之后，阿里巴巴推出了第三方支付工具——支付宝，开创了"担保交易模式"，解决了消费者的信任问题。在淘宝网购物，买家可以选择先把钱打给支付宝，等收到货物确认品质没有问题后，支付宝再把钱打给卖家。这就是第三方支付工具在中国最早的应用，迄今为止，也依然是广泛的应用之一。

微信支付和支付宝的原理差不多，只不过它是通过微信这个即时通信工具逐渐发展起来的。微信支付于2013年8月正式推出，

第二章 无脚走天下：钱的存储与支付

不过一开始争不过根基深厚的支付宝，但微信支付的团队想出一个绝妙的办法——发红包。

2014年1月，微信推出微信红包功能。抢红包这事儿谁不喜欢，可抢到的钱存在哪里呢？就在微信支付的钱包里。就这样，微信支付迅速流传开来。到2015年春节，微信支付团队又开创了春晚红包，共计10.1亿次收发，形成春节全民红包互动的高潮，也让微信支付的地位迅速攀升。

支付宝和微信支付钱包里的钱是哪来的呢？主要有以下途径：一是你爸妈打给你的钱；二是你抢红包或者退货得来的钱；三是如果你有银行卡，可以关联第三方支付进行消费。

那么，第三方支付怎么赚钱呢？总体来说，第三方支付机构向收款方收取手续费，再向银行支付手续费，这其中的价差就是第三方支付的收入。举个例子，假设你通过第三方支付向某商户支付1 000元，那么第三方支付机构收取商户1%的手续费——10元，但它只需要向银行支付0.5%的手续费，剩下的5元就是第三方支付机构的收入。

第三方支付机构的赢利模式听起来是不是还不错？但这不是谁都能做的。非银行机构要想为客户提供支付服务，需要取得央行颁发的《支付业务许可证》，并且依法接受央行的监督管理。

绝大多数人在提到第三方移动支付时，都会想到支付宝和微信支付。但其实，我们身边还有许多第三方支付机构，比如壹钱包、京东支付、苏宁支付、快钱、易宝等。它们的商业模式和支付宝、微信支付差别不大，不过更专注于某些细分领域。在移动支付的市场竞争格局中，支付宝和微信支付始终保持着垄断地位。截至2019年年底，支付宝占据第三方移动支付市场份额 54.2%，位列第一；微信支付以 39.5% 的市场份额，稳居第二。这一格局会持续多久？最终谁会横空出世，打破现有格局？也许那个人就藏在本书的读者之中。

电话银行、网上银行和手机银行

写到这里，货币的存储及支付方式就介绍得差不多了。除了以上几种，还有几样你现在可能用不着，但早晚会接触到的银行账户管理及支付方式，那就是电话银行、网上银行和手机银行。

电话银行

你已经知道在银行开户办卡的逻辑，电话银行无非就是通过电话来管理和运营你的银行账户。在 4G 时代到来之前，智能手机还不普及，用流量上网是件很奢侈、效率也很低的事。那个年代如果你想查自己的账户有多少余额，或者需要给他人转账又抽不出时间去银行柜台，电话银行是最方便的选择。

但随着 4G 时代的到来，电话银行的使用率已经明显下降了，取而代之的是手机银行。

网上银行和手机银行

网上银行一直都有，并不是电话银行的后继产品，实际上它们共存了很多年。有些特定的业务是需要通过网上银行处理的。这时你需要找一台电脑，有时还需要用一个开户时银行发给你的U盾，才可以办你要办的事。

4G时代到来之后，用手机上网成了家常便饭，很多银行也顺应潮流开发了自己的App。于是，通过银行App管理账户逐渐成了最常见的方式。不管是查余额、买理财产品，还是转账，各种功能清晰可见，且几乎都能一键完成。

科技让生活更简单。这就是科技进步给金融领域带来的变革。现在银行的App还上线了人脸识别等高科技功能，让支付变得更安全。

必须要说的是，在手机银行的功能拓展和服务方面，中国的银行，特别是股份制商业银行，绝对是走在世界前列的。无论是界面的使用方式，还是服务的精细化程度，都非常值得称赞。随着5G时代到来，金融科技领域还有很多改革和进步的空间，更有无数机会，虽然在当下这个时点我们或许还看不到，但它们一定存在。

第三章
阿里巴巴的山洞：财富从哪里来

第三章　阿里巴巴的山洞：财富从哪里来

这大概是很多人感兴趣的问题——钱从哪里来？

在童话故事里，阿里巴巴无意间发现了有无尽财宝的山洞，只需要说"芝麻开门"，从此就衣食无忧；渔夫救了一条有魔法的金鱼，为了报答他，金鱼为渔夫变出了金色宫殿；有人有一头可以不停拉金币的驴；有人可以无休止变出一桌各色美食；有个小矮人能把稻草变成金丝；还有个海盗船长掌握着海底世界的藏宝图……

金钱在哪里都很重要，无论是现实世界，还是童话世界。而童话之所以吸引人，很大一部分是因为它只用了短短的篇幅，就把现实世界中绝大多数人用一生去思考、奋斗，还不一定能够解决的问题给解决了。

我不是写童话的，我不能教你点石成金的魔法咒语，但我可以清晰地告诉你，真实世界里的钱是怎么来的，又是如何累积的。

在步入现实世界时，你首先要记住以下两点。

第一，收入都必须通过劳动取得，不管是劳心还是劳力。

第二，财富的积累是一个漫长的过程，永远不要期待一夜暴富。

哪里能挣到钱

你现在的主要"收入"应该都来自父母，他们就是你的"矿山""宝藏""会魔法的小矮人"。但这个状况不会一直持续，父母不可能养你一辈子。

在西方，子女年满18岁后很多家庭会选择让他们独立生活。他们可以和朋友一起出去租房住，这就意味着他们的房租、生活费都需要自己筹措。当然，如果他们选择继续读书，学费基本上会由父母或者一些低息贷款来共同承担。生活费很大程度上也需要自己利用课余时间去解决。

事实上，在成年之前，他们就已经走进社会尽力筹措自己的生活费了。我一个朋友的女儿，在悉尼最顶尖的私立女子学校读书，高中起她就去一所补习学校打工，给低年级的孩子做答题老师，每周两次。有次我去朋友家做客，正赶上小姑娘要去"上班"。16岁的女孩随便吃了两口饭，纤细的肩膀扛起一个目测不少于10斤的硕大背包，里面塞满了她带回家批改的学生考卷和作业，匆匆忙忙地出门赶火车（类似于轻轨）去了。

我还有个朋友的儿子，在悉尼排名前三的公立学校读高中，他每周两次去家附近的游泳馆当助教，无论寒暑下了课就泡在水池里，从不请假。这两个少年都是中国孩子，学习成绩都不错，父母完全有能力供养他们，他们也可以用学习做借口拒绝打工，但是他们都主动选择了工作，因为靠自己的能力挣钱是一件很酷的事，而理直气壮地花自己挣的钱就更酷了。

世界上挣钱的方式五花八门，有人靠出卖自己的体力挣钱，有人靠一些特殊技能挣钱，有人靠投资挣钱。收入的方式有非常多种，对于收入类型的划分也有很多不同的维度。在这本书里我把收入的来源大致分作两类：主动收入和被动收入。

主动收入

所谓主动收入，是指你必须付出时间和精力才能换取的金钱。也有人把这叫作"暂时性收入"或者"临时性收入"。它最大的特点就是：工作就有钱，不工作就没钱。世界上90%以上的人都是靠主动收入为生，最典型的例子就是工资收入。无论你在公司担任什么样的职位，你工作才有工资收入，一旦你的工作停止，工资也就没了。此外，前文中介绍过的两位打工的少年，无论是做补习老师，还是游泳助教获得的收入，都属于主动收入。

被动收入

和主动收入相对应的，就是被动收入。被动收入是指几乎不需要付出时间和精力，只要简单地进行维护，就能获得的收入。这听起来是不是有点不劳而获？的确，被动收入是个好东西，但要想获得被动收入，可不是一件容易的事。生活中常见的被动收入包括：

银行存款利息、房租收入、公司股息分红、授权专利或其他知识产权的许可费等。不用付出时间和精力，金钱就会源源不断地流进自己的口袋，想一想都高兴得合不拢嘴。但获取被动收入通常都是有门槛的。

先来看看想要获得以上几种被动收入需要具备什么前提：想要获得银行存款利息，先得有银行积蓄；想要取得房租收入，先得有一套投资房；想要取得公司股息分红，先得有一家能挣钱的公司；想要获得专利许可费，先得开发出独一无二且有市场价值的专利来。

由此可见，被动收入不是不劳而获，相反，它需要满足一些门槛更高的条件。为了实现这些条件，你不但要很努力地工作，还要懂得储蓄、理财、投资、资产配置等相关知识，要关注经济生活，更要有意识地为自己搭建一个被动收入系统。

被动收入系统是每个人都需要知道的概念。它是指你至少应该拥有一种，在你不想工作或者无法工作时，依然能产生稳定现金流的收入来源。没有人可以工作一辈子，你生病时、衰老时，或者知识结构老化而失去工作能力时，被动收入系统就是你生存的重要依靠。

在何种年龄，应该具备什么样的被动收入系统，无法一概而论。通常的原则是随着你的体力、脑力、知识结构的逐渐老化，你需要拥有的被动收入来源就更多，它对你的意义也就更加重要。被动收入系统除了保障你在不能工作、不想工作时吃穿不愁，它还有一个更神秘的作用——通往财务自由最重要的路径。

第三章　阿里巴巴的山洞：财富从哪里来

一个人无论多么优秀，他的时间、精力、才华都是有限的，靠单打独斗实现财务自由是非常困难的事。世界上几乎所有的富豪都是通过打造被动收入系统，调动更多的人和资源，来持续地为自己赚钱，从而实现财务自由的。

这么说如果有些抽象的话，让我们来看看曾经的世界首富——巴菲特——的童年故事。

巴菲特，1930 年 8 月 30 日出生于美国内布拉斯加州的奥马哈，他是世界上最成功的投资家、企业家，也是著名的慈善家。2020 年 4 月《福布斯》（Forbes）公布的全球富豪榜，巴菲特以净资产 675 亿美元，位列第 4 名。

巴菲特从小就很勤奋，也非常有商业头脑。据说他 6 岁时就在祖父经营的杂货店外摆地摊兜售口香糖、可口可乐，赚取零用钱并把它们储存起来。8 岁那年，巴菲特发现一个商机：高尔夫球场常有人打高尔夫球时因用力过猛，把球打飞到场外，有人会把这些打飞的球收集起来，清洗干净后再以比新球便宜的价格卖给打高尔夫球的人。

这门生意不需要本金，巴菲特很兴奋，说干就干。可是，高尔夫球场非常大，被打飞的球也非常分散，往往花费很多时间也收集不了多少，费时费力效果还不好。怎样才能高效地在这门生意里赚钱呢？巴菲特想到一个好主意：他组织邻居们的小孩一起去捡被打飞的高尔夫球，清洗干净后由他来统一收购，待卖出后再给这些孩子报酬，他赚取价差。很快，他就在这笔无本生意里，赚到了一大笔钱。

1945年，15岁的巴菲特已经拥有了1 000多美元的积蓄。他没有像其他青少年那样把这笔不菲的存款用于个人消费，相反，他用其中的1 200美元购买了一处0.16平方千米的农场，并出租给农民收取租金。升入高中时的巴菲特是这样自我介绍的："我是来自内布拉斯加的沃伦·巴菲特，在中西部拥有一处租赁给他人的农场。"

比起骑着老爸买的昂贵变速车，或者穿着老妈买的名牌连衣裙去新高中报到，这样的出场方式是不是酷得多？

少年巴菲特的这两个创富故事，就是通过搭建被动收入系统来获取财富的典型例子。在第一个故事里，巴菲特发现了这个不需要本钱的商机，他组织邻居小伙伴们捡高尔夫球，比凭借自己的力量捡球要快得多，即使他在上课或是睡觉，这个时间段也同样有人在为他工作，不会浪费。在第二个故事里，巴菲特通过购买并出租土地，获得稳定的租金收入，这是典型的投资行为。此后，无论他在打篮球还是参加高考，租金都会持续地流进他的账户，不仅如此，若干年后当他出售这块土地时，他还可以获得土地升值带来的收益。

所以，你一定发现了拥有被动收入系统的好处：不但能帮你取得靠自己的力量永远也无法取得的收入，还可以将你从重复性、枯燥的体力劳动中解放出来，让你拥有更多的时间和自由。

巴菲特在10岁时说过这样一段话："钱可以让我独立。然后，我就可以用我的一生去做我想做的事情。而我最想做的事情就是为自己工作，我不想让别人主导我。每天做自己想做的事，这对我来说非常重要。"这段话对你是否有所启发？你是准备活到老、工作到老，还是从现在开始就有意识地构建一个适合自己，能够持续获得收益的被动收入系统？

我们每个人都明白赚钱是硬道理。但赚钱的原理很少有人说得清楚。网络上有一句流行语：听了很多道理，依然过不好这一生。那是因为很多空泛的大道理并不能解决问题，而讲清楚事物的发展规律，讲清楚其中的原理，才是打开"宝藏山洞"的魔法秘诀。

从今天开始，请你像记住"芝麻开门"一样记住"被动收入系统"，它一定会带着你找到"宝藏山洞"，找到梦寐以求的自由。

> 和爸爸妈妈讨论一下你家的收入结构是怎样的。除了主动收入外，有哪些被动收入？这些被动收入是否能够满足你们全家的日常开支？它还有哪些优化的空间？

发工资时间到

工资的种类

一旦你步入社会开始工作，就会得到收入，通常我们称之为"工资"。

工资支付的科目有很多种，通常包括计时工资、计件工资、奖金、津贴和补贴、延长工作时间的工资报酬，以及特殊情况下支付的工资。

计时工资，最为常见，根据劳动者的工作时间来计算工资。它又可以细分为小时工资制、日工资制、周工资制、月工资制、年薪制。通常来讲，职位越高，所从事工作的复杂性越高，计时工资的计时单位就会越长。比如一个世界500强企业的CEO，他的管理是否有效、是否能切实地为企业带来效益，是不可能在一两天甚至一两个月里看出来的。如果他的工资的计算单位太短，对于管理工作的延续性和复杂性都是不适用的。

计件工资，指按照劳动者生产的合格品的数量（或作业量）和预先规定的计件单价，来计算报酬。这种方式在工厂中最为常见。

奖金，指对劳动者提供的超额劳动所支付的报酬，同样也可以按月或按年等不同的时间单位发放。

津贴和补贴，指对劳动者在特殊条件下的额外劳动消耗或额外费用支出给予补偿的一种工资形式。比如较为常见的野外作业津贴、高温津贴、井下津贴、夜班津贴等。

延长工作时间的工资报酬，指通常所说的"加班费"。

《劳动法》第四十四条，有下列情形之一的，用人单位应当按照下列标准支付高于劳动者正常工作时间工资的工资报酬：

（一）安排劳动者延长工作时间的，支付不低于工资的百分之一百五十的工资报酬；

（二）休息日安排劳动者工作又不能安排补休的，支付不低于工资的百分之二百的工资报酬；

（三）法定休假日安排劳动者工作的，支付不低于工资的百分之三百的工资报酬。

第三章 阿里巴巴的山洞：财富从哪里来

工资的支付方式

　　工资支付方式也有很多种，根据我国相关法律规定：工资应当以货币形式按月支付给劳动者本人，不得克扣或者无故拖欠劳动者工资。工资至少每月支付一次，对于实行小时工资制和周工资制的人员，工资也可以按日或周发放。对完成一次性临时劳动或某项具体工作的劳动者，用人单位应按有关协议或合同规定在其完成劳动任务后即支付工资。

　　夏河薙利用暑假去某旅游公司打工做英语导游，公司人事部门的工作人员告诉她，你暑假有一个半月那么长，干脆等你假期结束时，我们再一次性把工资发给你。请问，旅游公司的要求合理吗？夏河薙应该接受吗？

最低工资标准

为了保障劳动者的基本权益，世界上几乎所有的国家和地区都会通过立法来规定"最低工资标准"。也就是说，在劳动者提供了正常劳动的情况下，强制规定雇佣方必须支付给劳动者的最低工资报酬。

《劳动法》第四十八条，国家实行最低工资保障制度。最低工资的具体标准由省、自治区、直辖市人民政府规定，报国务院备案。用人单位支付劳动者的工资不得低于当地最低工资标准。

由于我国不同地区的经济发展水平、人均收入和消费水平参差不齐，各地区制定的最低工资标准也是不同的。并且，随着经济水平的变化，最低工资标准每1—3年也会相应地调整一次。

这件事对你来说或许很陌生，但其实离你的生活并不遥远。多年前我在英国读书时利用课余时间打零工，无论是在酒吧做收银员，还是在写字楼做清洁工，最关注的就是每小时工资比当地最低工资标准高了多少。

那么，咱们国家的最低工资标准是怎样的呢？请参考人力资源和社会保障部2020年4月26日发布的"全国各地区最低工资标准情况"（截至2020年3月31日）。

第三章 阿里巴巴的山洞：财富从哪里来

表3.1　全国各地区最低工资标准情况　　（单位：元）

地区	月最低工资标准				小时最低工资标准			
	第一档	第二档	第三档	第四档	第一档	第二档	第三档	第四档
北京	2 200	—	—	—	24	—	—	—
天津	2 050	—	—	—	20.8	—	—	—
河北	1 900	1 790	1 680	1 580	19	18	17	16
山西	1 700	1 600	1 500	1 400	18.5	17.4	16.3	15.2
内蒙古	1 760	1 660	1 560	1 460	18.6	17.6	16.5	15.5
辽宁	1 810	1 610	1 480	1 300	18.3	16.3	15	13.2
吉林	1 780	1 680	1 580	1 480	17	16	15	14
黑龙江	1 680	1 450	1 270	—	16	13	12	—
上海	2 480	—	—	—	22	—	—	—
江苏	2 020	1 830	1 620	—	18.5	16.5	14.5	—
浙江	2 010	1 800	1 660	1 550	18.4	16.5	15	13.6
安徽	1 550	1 380	1 280	1 180	18	16	15	14
福建	1 800	1 720	1 570	1 420	18.5	18	16.5	15
江西	1 680	1 580	1 470	—	16.8	15.8	14.7	—
山东	1 910	1 730	1 550	—	19.1	17.3	15.5	—
河南	1 900	1 700	1 500		19	17	15	
湖北	1 750	1 500	1 380	1 250	18	16	14.5	13
湖南	1 700	1 540	1 380	1 220	17	15	13.5	12.5
广东	2 100	1 720	1 550	1 410	20.3	16.4	15.3	14
其中：								
深圳	2 200	—	—	—	20.3	—	—	—
广西	1 810	1 580	1 430	—	17.5	15.3	14	—
海南	1 670	1 570	1 520	—	15.3	14.4	14	—
重庆	1 800	1 700			18	17		
四川	1 780	1 650	1 550	—	18.7	17.4	16.3	—

续表

地区	月最低工资标准				小时最低工资标准			
	第一档	第二档	第三档	第四档	第一档	第二档	第三档	第四档
贵州	1 790	1 670	1 570	—	18.6	17.5	16.5	—
云南	1 670	1 500	1 350	—	15	14	13	—
西藏	1 650	—	—	—	16	—	—	—
陕西	1 800	1 700	1 600	—	18	17	16	—
甘肃	1 620	1 570	1 520	1 470	17	16.5	15.9	15.4
青海	1 700	—	—	—	15.2	—	—	—
宁夏	1 660	1 560	1 480	—	15.5	14.5	13.5	—
新疆	1 820	1 620	1 540	1 460	18.2	16.2	15.4	14.6

> 表 3.1 中很多行政区划内的最低工资标准为什么会有不同档位呢？那是因为该行政区划内的不同地区经济发展水平差距较大，因此不同地区适用的最低工资标准的档位也就不同。

别不信！ 读书越多，挣钱越多

本节最重要的一句话：收入水平与受教育程度正相关。

中外各种学术研究在这一问题上都得到了统一结论：受教育程度越高，收入水平越高。这是基于大数据统计分析得出的结论，不见得每一个人都符合这个规律，但绝大多数人都符合这个规律。

也许有人想举比尔·盖茨的例子，说他大学肄业。没错，但你们知道吗？盖茨从小就是"学霸"。他16岁时，就有信息科技公司请他开发程序，盖茨和他的高中同学成功地完成了这个任务，获得了程序利润的10%，以及相应的著作权费。18岁那年，盖茨参加了SAT考试（相当于美国的高考），获得了美国优秀学生奖学金，之后进入哈佛大学学习。

所以，千万不要轻易放弃学习的机会，更不要说知识无用。在我的认知里，什么样的少年有权决定自己是否继续学习呢？那就是已经学明白了的人。如果学习这么简单的事都没搞定，那如何证明自己可以跳出"收入水平与受教育程度正相关"这个基本规律呢？你可以用自己宝贵的青春和时间做实验，但要记住，实验失败了买单的也只能是你自己。

青少年朋友们，有一天，等你真正走进社会开始工作，就会发现获得财富并不像童话故事里那么简单，你的父母之所以对你有求必应，不是因为他们挣钱容易，而是源于他们对你不求回报的爱。

第四章
我纳税，我光荣

第四章　我纳税，我光荣

第三章讲过了获取收入的主要途径，那么，如果你做家庭教师挣到了工资，或者出售自己开发的程序软件获得了收益，这些钱就全部属于你吗？不！这些收入被称为税前收入或者毛收入，你必须要拿出其中的一部分交给政府，剩下的收入，被称为"税后收入"，或"净收入"，才属于你自己。你交给政府的那部分金额，叫作"税款"。你上缴税款的行为，就叫"纳税"。

纳税，是每个公民应尽的义务。

全世界各个国家和地区的政府，都会向当地居民征收税款。税收的种类有很多，征收的方式也各有不同。甚至在一些国家内部，比如美国，由于它的政治体制的不同，各个州（省）之间的税务征收范围和方式也是不同的。

你大概会问：我自己辛辛苦苦挣的钱，为什么要拿出一部分交给政府？为什么有人交得多，有人交得少？

要回答这个问题，还是让我们回到四方村。

西街人口越来越多，商业越来越发达，原本那条可以并排跑两驾马车的主干道很快就不够用了，常有小商贩沿街占道，几乎每天都在拥堵。西街的老百姓怨声载道，可大家心里都明白，想要拓宽这条路绝不是件容易的事：钱从哪里来？劳动力从哪里来？街道两边的商铺被推倒了，该怎么补偿商户？又由谁出面去谈？

乡亲们自然而然想到了李三娘，自打她担负起西街货币发行的职能，就已经变成了这条街上的行政管理代表、"扛把子"，或者叫"类政府组织"。李三娘没怎么推脱，就承担了这份工作，很快，她拿出了一份"西街道路拓宽方案"：

凡西街居民，每人出 10 个贝币，每户出 18 岁以上、50 岁以下男性青壮劳动力 1 名，用以西街的道路改造。

方案一出，在西街引起轩然大波。刘寡妇带着 3 个不满 10 岁的孩子找李三娘哭诉，说她家根本没有青壮劳动力，这方案不具备可执行性。也有人私下对三娘说，西街上平时出货进货，大马车跑得最多的就是钱贝贝家，西街的路有一半都是被他家的车轧坏的，他那么有钱也才出 10 个贝币，太不公平。

李三娘觉得大家说得有道理，很快又出台了一份新方案：

凡西街居民，每人岁十收一，用以西街的道路建设。

于是，从那时起，西街的每个居民，都从自己的年收入当中

第四章　我纳税，我光荣

拿出10%交给李三娘，用于西街的道路建设。李三娘拿着这笔钱买修路的木材石料，雇用劳动力，还要给沿街被拆迁的商铺补偿款。忙起这些事儿，李三娘已经完全没精力顾及自家的鸡蛋生意了，街坊们都劝她，好歹给自己发点工资吧，帮忙的事儿难长久。就这样，李三娘已经彻底转化成西街的政府组织，或者叫"公务员"。而乡亲们缴的这部分钱，就是"税收"。

除了修路，西街需要用钱的地方越来越多：村中心的学校、医院，为了维护治安抓小偷而成立的保安队，隔壁眼红西街的南街隔三岔五来抢劫，李三娘还得组织军队、买军火……居民每年缴纳的贝币已经不够用了，她迫切需要再开发一些新的收税渠道。

李三娘在街上转了一圈，新修的街道很宽敞，打扫卫生的清洁员却皱着眉头埋怨：那些有牛车马车的人家最麻烦，清洁粪便就得花半天工夫。同样的马路，有车的人制造的污染多，大家都交一样的钱是不是有些不公平。于是，李三娘在城门口贴了个告示：

从即日起，凡有牛车马车的人家要缴纳一次性车辆购置税，并按年缴纳车船税。

又过了几天，李三娘去刘寡妇家走访，发现她靠给人做衣服维生，一年只挣得100个贝币，还要养3个孩子，交出10个贝币，无疑让她本来就困难的生活雪上加霜；相反，富豪钱贝贝，一年能挣五六万个贝币，即便交出五六千个，对他的生活也没什么影响。李三娘意识到，绝对的平均主义不见得就是公平，她又去城门口贴了张告示：

> 从即日起，凡年入 1 万贝币以上者，每年应按照总收入的 30% 缴纳所得税；低于 1 万贝币，高于 500 贝币者，继续按照总收入的 10% 缴纳所得税；凡岁入低于 500 贝币者，免征所得税。

西街的所得税征收，正式进入累进制阶段，个人所得税和收入成正比，所得收入越高，税率越高。

跟李三娘一样，从古至今，世界各地的政府都是通过税收来维护公共安全，组织公共事务，甚至实现社会财富的再分配。无论是税种还是税率，都会随着社会经济发展的变化而变化，这是个动态平衡的过程。

挣钱之后，别忘了缴税

中国一共有多少种税呢？知道这个答案的人应该不多，甚至是这个领域的专业人员，也很有可能给出不一样的答案。产生这种现象的原因是我国的税种变化比较频繁，制定和执行税种的机构也较多：财政部、税务总局、商务部、海关、各级地方政府都有可能涉及。除了"税"之外，政府还征收很多"费"，比如残疾人就业保障金、文化事业建设费、教育附加费等。这些"费"和"税"本质上差别不大，因此也容易让人混淆。

总体来说，我国现行18个税种。本节会把和大家日常生活更相关的税种分成五大类做简单介绍。

所得类税

所得税，顾名思义，得到的钱都要上税。这类税收和每个人都密切相关，具体又可以划分为"个人所得税"和"企业所得税"两个部分，这也是世界上许多国家和地区的政府最主要的税收来源。

个人所得税

通俗地说，只要在中国境内取得收入的个人，都需要缴纳个人所得税。我国的个人所得税采用累进制征收方式，税率为3%—45%。

2018年8月31日，个人所得税经十三届全国人大常委会第五次会议表决通过，中国第七次修正《中华人民共和国个人所得税法》（简称个税法）获批。新个税法于2019年1月1日起施行，起征点确定为每月5 000元人民币。根据收入的不同，实施总计7级不同的税率。

表 4.1 个人所得税税率

级数	全年累计预扣预缴应纳税所得额	税率（%）
1	不超过 36 000 元的部分	3
2	超过 36 000 元至 144 000 元的部分	10
3	超过 144 000 元至 300 000 元的部分	20
4	超过 300 000 元至 420 000 元的部分	25
5	超过 420 000 元至 660 000 元的部分	30
6	超过 660 000 元至 960 000 元的部分	35
7	超过 960 000 元的部分	45

资料来源：中国人大网。

由表 4.1 可知，最高有 45% 的个人所得税率，是不是有些超出你的想象？其实它一直存在。

1980 年 9 月 10 日，颁布《中华人民共和国个人所得税法》时，就已经确定了我国最高 45% 的个人所得税率。挣得越多，纳税越多。

企业所得税

通俗地讲，中国境内有收入的公司，都需要缴纳企业所得税，税率为公司收入的 20%—25%。注意，企业所得税的纳税主体是企业，而不是个人。至于开公司的老板，他如果赚到钱了，还有另外的税要缴。什么时候你决定创业，无论是在学校门口开个小奶茶店，还是像中学时的比尔·盖茨一样，和几个同学一起开发软件卖给大公司，就需要好好研究下企业所得税的问题了。

第四章　我纳税，我光荣

流转类税

所谓流转税，是指在商品和劳务流转时征收的税。商品和劳务什么时候会发生"流转"呢？通常都是在生产、销售的时候。在我国，流转类税收主要包括增值税、消费税、关税。

增值税

肖筱妮带夏河蘸去一家小餐厅吃饭，结账时收银员对她们说："不开发票的话，可以送您一听可乐。"夏河蘸欣然答应，烈日炎炎，正想来杯冰可乐。肖筱妮却拒绝了收银员的提议，她对女儿说："通常来讲，政府的税务部门会根据餐厅规模的大小，征收销售额3%—6%的增值税。比如我们刚吃的这顿饭，总计150元，像这样的小型餐厅，税务部门会按照销售额的3%来收取增值税，大概是4.37元。"

$$应纳税额 = 销售额 \times 征收率$$
$$= [含税销售额 \div (1 + 征收率)] \times 征收率$$
$$= [150 \div (1 + 3\%)] \times 3\%$$
$$\approx 4.37 元$$

"税务部门的收税对象是餐厅，但通过以上公式你大概能看出来，餐厅会把这个税务负担转嫁给最终的消费者。也就是说，我们这顿150元的饭，实际上已经包括了替餐厅交给税务部门的4.37元的增值税。如果餐厅不为消费者开具发票，它就很有可能向税务局逃税，而我们消费者已经支付的那4.37元的增值税，最终就会落入餐厅的口袋。"肖筱妮继续说道。

夏河薤听完大吃一惊，说道："这么说来，我们吃的每顿饭里，无论最终有没有开发票，其实都包含了替餐厅交给税务部门的增值税！"

"是的，"肖筱妮点点头说道，"不仅是餐厅，我们去发廊剪发，去超市买东西，甚至是报课外班的学费，所有的价格都是含税价。你还记得在悉尼时，我带你看过商场的购物收据，在总额（Total）那一栏下边，会有一行小字"总额中包括的商品与服务税"（GST included in the Total），这也属于流转类税，类似于增值税。有的国家，会要求商家明确告知消费者在本次消费中所含的税款，比如澳大利亚；有的国家则不会，比如中国。然而没有标明，并不意味着不含税。"

"所以说，虽然我从来没有挣过钱，没有交过个人所得税，但其实我在消费的过程中也为国家纳过税！"夏河薤骄傲地说。

"哈哈，是的，你也是个光荣纳税的小公民。"

"等等，如果这家餐厅到年底时发现它并没有赚到钱可能还亏本了，"夏河薤皱起眉头，她想到了上次和妈妈去的那间小包子铺，问道，"这笔税会退给它吗？"

"这是个很好的问题，答案是不会。如果这家餐厅或者说企业在年底核算时，发现亏损了，它不需要上缴企业所得税，因为所得税理论上是在赢利时才缴纳的，但在商品和服务销售过程中已经支付的增值税等流转类税，是不会退回的。"

第四章 我纳税，我光荣

"世界上所有的国家都有增值税吗？"夏河薤若有所思地问道。

"并不是的。税法的制定和实施，是由各个主权国家自己完成的，不是联合国颁布的，因此不存在全世界通行的税种。就比如增值税，美国有一个类似的税叫 Sales Tax，有人把它翻译成"营业税"，也有人翻译成"销售税"或者"消费税"，它甚至不是美国全国通行的税种，一些州有，一些州没有。有些税务专家认为，营业税和所得税本质上都是针对企业的利润征税，涉嫌重复交叉征税，不公平。当然，立场不同，分析过程和结论也会不同。有时候，税收就像真理一样，很难有放之四海而皆准的。"

夏河薤能问出这样的问题，说明她已经在思考。知其然，更要知其所以然。眼界和知识都能丰富我们的智慧，更能拓宽我们的胸怀。

增值税是我国最主要的税种，每年的征收额都排在全国各项税收收入之首，而且比第二、第三名高出不少。根据财政部 2020 年 2 月 10 日发布的《2019 年财政收支情况》报告，2019 年全国税收收入 157 992 亿元，同比增长 1%。

主要税收收入项目情况如下：

（1）国内增值税 62 346 亿元，同比增长 1.3%。

（2）国内消费税 12 562 亿元，同比增长 18.2%。

（3）企业所得税 37 300 亿元，同比增长 5.6%。

（4）个人所得税 10 388 亿元，同比下降 25.1%。

（5）进口货物增值税、消费税 15 812 亿元，同比下降 6.3%。关税 2 889 亿元，同比增长 1.5%。

（6）出口退税 16 503 亿元，同比增长 3.7%。

（7）城市维护建设税 4 821 亿元，同比下降 0.4%。

（8）车辆购置税 3 498 亿元，同比增长 1.3%。

（9）印花税 2 463 亿元，同比增长 12%。其中，证券交易印花税 1 229 亿元，同比增长 25.8%。

（10）资源税 1 822 亿元，同比增长 11.8%。

（11）土地和房地产相关税收中，契税 6 213 亿元，同比增长 8.4%；土地增值税 6 465 亿元，同比增长 14.6%；房产税 2 988 亿元，同比增长 3.5%；耕地占用税 1 390 亿元，同比增长 5.4%；城镇土地使用税 2 195 亿元，同比下降 8%。

（12）环境保护税 221 亿元，同比增长 46.1%。

（13）车船税、船舶吨税、烟叶税等其他各项税收收入合计 1 121 亿元，同比增长 13%。

消费税

消费税是对特定货物与劳务征收的间接税，并不是在所有零售（消费）环节都要征收的税。

有人把消费税称为"高消费税"，即买比较昂贵的东西时才会额外征收的税。那么哪些特定货物和劳务属于消费税的征收范围呢？烟、酒、高档化妆品、高档手表、首饰珠宝玉石、高尔夫球及球具、游艇等,这些是很容易想到的被课以消费税的货品。还有一些同样需要征收消费税的货品,就不那么容易想到了,比如:一次性木制筷子、实木地板、鞭炮烟花、成品油、汽车轮胎、小汽车等。

和增值税一样,消费税也是价内税,是我们看到的价格的组成部分,税收负担最终都会转嫁到消费者身上。

关税

关税是指引进外国生产的商品经过一国关境时,由政府所设置的海关向其引进商所征收的税。

关税与你也息息相关,比如苹果手机、国外大牌包、进口车,这些商品在进入中国海关时,都被征收过关税。和增值税、消费税一样,关税也属于间接税,税收负担最终都会转嫁到消费者身上。

这就是为什么同样一辆车,在美国买会比在中国买便宜很多。至于便宜多少,要看具体车型,但便宜40%—50%都是很常见的。像路易·威登(LV)、古驰(GUCCI)这些奢侈品牌,在中国也有专卖店,那为什么很多人要通过代购去海外买呢?当然是因为便宜。便宜的原因大致有两点。第一,海外的季节性折扣活动通常更多。但碰上香奈儿(CHANEL)、爱马仕(HERMES)这种永远不打折的,为什么海外还是比国内便宜呢?那就是第二个更为重要的原因,国内专卖店的商品都加征了高额关税。

财产类税

顾名思义，这是拥有财产的人需要缴的税。我国目前主要有房产税、契税、车船税、土地增值税。

什么是财产？你的自行车、手机，可能是你很重要的财产，但不是这里所指的"财产"。这里的财产，主要是指房屋、土地和车船。

房产税

根据你所拥有的房屋的价值，或者它产生的租金收入作为计税基础而征收的税。

这个税种很古老，在世界范围内也比较常见。目前，中国尚未在全国范围内开征房产税，但如果你生活在上海、重庆、杭州等地——在中国优先试点房产税征缴的城市，你们的父母很有可能交过房产税。未来，房产税极有可能在全国范围内开征。

契税

契，指契约，在这里是指不动产（土地、房屋）产权发生转移时，根据当事人所订契约按产价的一定比例向新业主征收的一次性税收。通俗地讲，在买卖房产时，根据买卖合同，也就是根据契约上所标明的价格，按照3%—5%的比例向买方征收的税款。

1年前，肖筱妮花80万元买了一套房，现在以100万元的价格

第四章 我纳税，我光荣

卖给肖筱白。肖筱白除了需要向肖筱妮支付 100 万元房屋转让款，还需要向政府缴纳 3%—5% 的契税（根据所在城市及房屋性质的不同而不同），以及相当于交易价 0.05% 的印花税。而作为卖方的肖筱妮，也并不能得到 100 万元的全部。首先她同样需要缴纳交易价 0.05% 的印花税，除此以外，还需要缴纳相当于交易总价 5.5% 的增值税（因为她购买这套房屋的时间尚不满两年），以及房屋价格增值部分 20% 的个人所得税。

所以，在本次交易中，肖筱妮最终能得到多少钱？肖筱白又需要付多少钱？

作为卖方的肖筱妮需要支付如下税费：

印花税＝成交额×0.05%＝100 万×0.05%＝0.05 万元

增值税＝成交额×5.5%＝100 万×5.5%＝5.5 万元

个人所得税＝（转让收入−房屋原值−转让住房过程中缴纳的税金）×20%＝（100−80−0.05−5.5）万×20%＝2.89 万元

合计：0.05 万＋5.5 万＋2.89 万＝8.44 万元

作为买方的肖筱白需要支付的税费如下：

印花税＝成交额×0.05%＝100 万×0.05%＝0.05 万元

契税＝成交额×3%（以 3% 计算）＝100 万×3%＝3 万元

合计：0.05 万＋3 万＝3.05 万元

因此，这套价值 100 万元的房产交易，忽略产权登记费、所有权证工本费、测绘费等各项其他费用，以及或许会有的中介费，交易成本大约在 11.5 万元。而在当下的房地产市场，本该由卖方承担的许多税费，在实际交易中也都由买方来承担。

自古以来，买房置业都是件开心的事情，可买房从来不是那么容易，想买100万元的房，只准备100万元是远远不够的，还有各项税费在等着你。当然，你也可以申请银行贷款，以便早日实现置业安家的梦想。

车船税

车船税也被称作"车船使用税"，是我国非常普遍的一个税种。有车族，无论是摩托车、小轿车、大卡车、拖拉机，还是轮船，都要缴税，每年几十元到几百元不等，购买交强险时按年缴纳。只要你家有车，问问你爸妈，一定缴过这个税。

土地增值税

土地增值税是针对转让国有土地使用权及地上建筑物时产生的增值额征收的税款。简单地说，这是对房地产开发商征收的税。大家都知道，房地产行业在过去30年对中国经济的发展起到了非常重要的支撑作用，普通商品房的价格也是涨了又涨。房地产行业创造了一批中国的顶级富豪，赚得越多缴的税越多，针对这个曾经的暴利行业，最主要的税种就是土地增值税。中国的土地增值税实行4级超率累进税率，税率30%—60%。

行为类税

顾名思义，行为类税就是针对你的某种行为收税。我国目前主要征收的行为类税种包括：船舶吨位税、印花税、城市维护建设税、车辆购置税、耕地占用税等。

这些大家是不是闻所未闻？没听说过并不代表没被收过。重点说说和我们日常生活相关的几个税种吧。

城市维护建设税

这是根据纳税人实际缴纳的增值税和消费税为基础征收的一种税。计税公式如下：

$$应纳税额 = （增值税+消费税）\times 适用税率$$

所以，它是一种附加税。税率为 1%—7%，城市规模越大，适用的税率越高。前文已经介绍过增值税和消费税最终都会转嫁给消费者，因此城市维护建设税实际上也是由消费者缴纳的。

城市维护靠大家，规模越大的城市管理起来成本越高，缴税也是每个公民应尽的义务。

车辆购置税

这个税和前文介绍过的车船税可不是一回事儿。车船税是按年征收的，每年都要缴，一年几百元。车辆购置税是只有当买车这个行为发生时才缴纳，是一次性税，但它很贵。车辆购置税的税率为应税车辆计税价格的 10%。比如，一辆售价 10 万元的车，需要缴纳 1 万元的车辆购置税。

印花税

印花税（Stamp Duty）是个"舶来品"，1624年由荷兰政府首创。当时荷兰发生经济危机，财政困难，政府想增加税收又怕人民反对，想来想去就发明了印花税。印花税是对经济活动和经济交往中订立具有法律效力的凭证的行为征收的一种税。

日常生活中，老百姓涉及订立契约、凭证的场景非常众多且频繁，如果以此为基础征税，那可真是开辟了一项源源不断的税收之源。印花税在全世界盛行多年，且它的税率普遍不高。

我国的印花税包含"房地产印花税""证券交易印花税"等许多细分税种。

房地产印花税在介绍契税时已经涉及，是在买卖房产签订买卖合同时缴纳的，通常按照交易标的的0.05%征收。

证券交易印花税是买卖股票时征收的。我国的证券交易印花税目前采取单边征收制，即每当你卖出股票时，根据你卖出金额的0.1%来征税，买入股票不需要征收。

资源类税

如果你占据自然或社会的某些公共资源，当然要多付出些代价。我国的资源类税包括：自然资源税、城镇土地使用税、烟叶税。这类税收和普通人关系不大，未来如果你要开采矿山、收集烟叶或是占用国有土地，再关注也不迟。

第四章 我纳税，我光荣

到此为止，大家应该对我国的税收体系有了基本了解。缴税是每个公民应尽的义务，纳税也是个人享受社会资源与公共服务的前提和保障。

你有没有发觉，个人与政府之间有时也像是种契约关系？我们把公共事务的执行权委托给政府，并把财产的一部分交给政府用以公共服务与公共建设。政府接受了委托，为大众服务，并且这种服务并非无偿的。就像四方村的李三娘要在四方村居民缴纳的税款里拿出一部分给自己发工资一样，各国政府的公务员工资，绝大部分都来源于当地居民缴纳的税收。

"五险一金"到底有什么用

你有没有听说过一个词——五险一金？你的父母可能都缴过。但他们不一定能清晰准确地告诉你哪些是五险、一金，分别有什么作用。

"五险一金"制度是我国社会保障体系中最重要的制度。社会保障体系包括社会保险、社会福利、社会救济、社会优抚等内容。这跟我们有什么关系？为什么还要从我们的工资里扣钱？扣了的钱都给谁花了呢？为了说清楚这个体系，还是让我们回到四方村。

在以李三娘为代表的政府组织的维护下，四方村西街发展得欣欣向荣。没有战争，生产力水平显著提高，人口自然越来越多。另外，随着科技进步，四方村的医疗水平也得到了很大提升，村民的平均寿命明显提高。眼见着街上的老年人越来越多，西街正式进入老龄化社会。

这天早上，李三娘一开门，就看到二三十个老头、老太太围坐在她家门口号啕大哭。仔细问过才知道，原来这些老年人，不工作已有好些年了，自己的积蓄几乎花光，有的子女没有赡养，眼下衣食没有着落，连买药的钱都拿不出。李三娘听了他们的哭诉后，知道面临这种窘境的老人其实很多，远不止这二三十个。带头的大爷拍着大腿说："三娘啊，我们给西街缴了半辈子税，现在你不管我们，让我们活活饿死，以后谁还给你缴税呢？"

这下问题严重了。李三娘眉头紧锁，跑到里屋去翻账本，想拨出一部分收来的税金给村里老人养老。可仔细核对后，她的眉头皱得更紧了。收上来的税修路、修桥、盖学校、培养军队，已经不够用了，哪还有富余给越来越多的老人养老呢！屋漏偏逢连夜雨。正在这时，李三娘的秘书火急火燎地来报告："不好了！西街东头的小黄江涨水泛滥了，一夜之间淹了几百户人家，灾民们都跑到大街上要饭去了！"

急和穷都得救！否则西街恐怕要发生暴乱。李三娘一咬牙，把原计划明年修医院的钱拿出来赈灾救济。然而，这只能救得了一时之急，要解决西街的财政亏空，还得想别的招。可是，有什么招呢？再想出一个名目去收税吗？老百姓肯定怨声载道，闹不好还要上街游行。

李三娘请隔壁卖牛肉的王大爷过来商量。王大爷年龄大了，不卖牛肉很多年，但他足智多谋，早就是李三娘聘请的政府顾问。王

第四章 我纳税，我光荣

大爷捋着胡子想了想说："三娘啊，以我自己为例吧，我这个人年轻时就有忧患意识，趁着有工作能力攒下不少钱，还拿去做了些投资。现在老了，砍不动牛肉了，但有多年的积蓄和投资的定期收益，养老是没问题的。另外，我家儿女都孝顺，除了日常贴补，我真要生了大病需要花钱，他们也一定会拿钱来的。可是，不是所有老人都像我这样。不少人年轻时还是能赚钱的，但因为缺乏忧患意识，把钱都挥霍光了，等老了挣不了钱了，日子就过不下去了。只有强制性地让这些人养成储蓄的习惯，将来等他们老了，才不会变成社会和政府的负担。"

李三娘觉得王大爷说得很有道理，顺着他的思路说下去："所以，从明天开始，我就让西街所有的居民，每个月都强制性地拿出自己收入的10%存在政府账户里，等他们老了，再按月把这钱发给他们。可是，"三娘犹豫了下，"每年只存收入的10%，将来养老时怕是撑不了几年啊。更别说有个病啊灾啊，需要大量用钱的时候了。"

王大爷眼珠一转，说道："这也不难，每人拿出自己收入的10%强制性存入政府账户，雇用他们的企业再强制性拿出20%也缴到政府账户，这样一来，相当于个人收入的30%的钱都存进了政府账户。咱们拿这笔钱做些投资，再生出钱来，将来西街老百姓的养老医疗就不愁了。遇上小黄江泛滥这样的灾情，你也不至于拿不出贝币来赈灾。"

李三娘松了口气，说道："此乃妙招！可如此一来，企业负担就更重了，钱贝贝这样的企业主会不会对我有意见。"

"非也，非也。"王大爷摆摆手，说道，"这笔开支，企业只有在雇人时才需要缴纳，和员工人数多少、薪水高低有关，这也是企业分担政府责任的有效方式。"

四方村的故事让我们对社会保障体系有了大致了解。政府强制个人和企业各掏出一部分钱存起来，用以全社会居民的生老病死等开支，这属于社会保险。政府为遭遇自然灾害，或者孤寡病残等生活特困户拨款，这属于社会救济。城市里常见的公共图书馆、免费开放的公园、老人免费乘坐公共交通工具等，这些都属于社会福利。社会优抚是针对社会特殊阶层的保障体系，比一般的社会保障标准要高，有补偿和褒扬的性质，体现一个国家的价值观。在我国，社会优抚的对象是军人和军属。

管理国家也没你想得那么高深莫测吧。明白了其中的原理，"治大国如烹小鲜"，也许几十年后，你也会成为一个优秀的社会管理者。

第四章　我纳税，我光荣

五险

现在看来，社会保障体系和你也密切相关，其中关系最大的就是社会保险。让我们回到开始的问题——五险一金。

前文说过，社会保险管的是居民生老病死的事情。五险指的是：养老保险、医疗保险、失业保险、生育保险、工伤保险。这里的一金，指的是住房公积金，它并不是社会保险的范畴，但我们通常都把它和五险放在一起说。

等你工作后，无论是当公务员，还是去企业工作，无论是外资企业、民营企业，还是国有企业，只要在中国，单位的人事专员就会帮你开立五险一金账户。这个账户大概率会跟你一辈子，年轻时它的作用不太明显，等你老了、病了，就会体现出价值了。我们来分别说说这五险的功能和缴纳方式。

养老保险

从你正式工作的第一个月开始，政府会强制性地要求你从税前工资里按照一定比例缴纳养老金到养老保险账户，给你发工资的单位，也被强制性地要求按照更高的比例转账到你的养老保险账户。但是请注意，这笔钱并不是你想取就能取出来的。你什么时候可以领取这笔钱呢？还需要同时满足以下两个条件：达到国家规定的退休条件和缴纳养老保险费累计满15年。

以我自己为例，2006年我硕士毕业开始工作，到2021年已经累计缴纳养老保险费15年了，但还不能按月领取养老金，因为我还不满足国家规定的退休年龄。所谓退休年龄，就是国家法定退休年龄，大致来说就是男性年满 60 周岁，女干部年满 55 周岁，女工人年满 50 周岁。这个标准随着人口平均寿命的延长，未来可能还会再提高。

你心里是不是感觉离自己好遥远。首先，要知道我国现在人口平均寿命已经达到 77 岁，所以如无意外，几十年后你必然要面对。其次，这笔钱并不是"小钱"，它到底有多少呢？

以北京市 2020 年养老保险缴纳标准为例，缴费比例为：个人每月缴纳工资的 8%，直接从工资中扣除。单位每月缴纳工资的 16%，从公司人力成本中扣除。也就是说，如果你月薪 10 000 元，每个月要拿出 800 元缴纳到养老保险账户，而雇用你的单位，还要额外再拿出 1 600 元缴纳到你的养老保险账户。这样，每个月储存在你名下账户的养老金就是 2 400 元。如果你 25 岁开始工作，工作 35 年后达到法定退休年龄可以领取退休金时，这笔钱已经有 1 008 000 元之多！但是请注意，这 100 多万元并不是在你满 60 岁那天一次性发给你的。届时会参照当时的社会平均工资，乘以一定系数，像发工资一样按月发给你，以防有人很快挥霍光，最终还是没钱养老。

这里没有考虑工资通常会随着你工作年限和经验的增加而增长的因素。当然，养老保险的缴纳也是有上下限的。还是以北京市 2020 年的标准为例。你的工资再低，每个月企业和个人缴纳的养老保险金之和也不能低于 867.12 元；反之，你的工资再高，这个金额每月也不能超过 6 369.84 元。

第四章 我纳税，我光荣

大概有人会想：这么多钱，留给我自己去做投资，收益比存在社保账户里的利息高多了，我可不可以不缴这笔保险费，老了以后不管贫穷富有，都不给政府找麻烦。

答案是不行。

社会保险是政府强制性缴纳的。这其中有两个道理。

第一，就像我们讲过的四方村的例子，政府拿这笔钱是为全社会的老人养老，不是说你缴纳的钱就只服务于你自己。你可以把它想象成一个大水池，每个公民都往里倒水，需要的时候，每个公民也都可以从中取水。所以缴纳社会保险，既是权利也是义务。

第二，几乎每个人在年轻时，都对自己的未来充满信心。然而人生的际遇各不相同，特别是当我们的体力、精力、经验都逐渐不能满足社会工作的需要时，很多人会突然发现，自己奋斗大半生的积蓄，并不能担负起即将面对的未来 20 年，甚至更长时间没有收入的老年生活。这时你才知道每个月从社保账户里领取的养老金是多么重要。

当然，如果你希望自己的老年生活更加有品质，每个月领取的养老金肯定是满足不了你的。你还需要有更多的收入来源，它可能是来自某项商业保险，或者你某项投资的被动收入，这些都需要你具备财商。

医疗保险

这个保险也与每个人息息相关。无论你父母有没有去医院看过病，他们都一定会有一张小卡片，上边印有个人信息和照片，还有一个金色芯片。这就是传说中的"社会保障卡",简称"社保卡",也有人叫它"医保卡"。去医院看病,无论大病小病都要带上它。

和养老保险类似,医疗保险也是由个人和雇主共同负担。以北京市 2020 年的缴费要求为例:个人每月缴纳工资的 2%,直接从工资中扣除;单位每月缴纳工资的 10%,从公司人力成本中扣除。缴费上下限分别为每月 3 567.84 元和 643.2 元。缴费期直至退休,最短 20 年,不缴费期间不可享受报销。

以月薪 10 000 元为例,每个月你缴纳 200 元,单位缴纳 1 000 元,一年下来就是 14 400 元,这也不是笔小数目。那么这笔钱,我们去医院看病时可以直接从"医保卡"里扣吗?

去医院看病带着医保卡,并不意味着你可以直接用医保卡里的钱,该付钱还得付钱,除非满足以下情况:

(1) 在医院的门诊、急诊看病后,费用超过 1 800 元的部分可以报销,报销比例为 70%—90%,封顶 2 万元。
(2) 住院费用超过 1 300 元可以报销,报销比例大约为 90%。

具体比例和住院次数以及花费金额都有关。以上两种情形是以北京市职工医保为例,北京市城乡居民医保以及各地方的相关报销政策,又会有所不同。

还是以我自己为例,工作 15 年来,我的身体还算不错,每年去医院看病的次数非常有限,门诊费用从来没有超过 1 800 元,更没有发生过住院费用。因此,我也没有经历过医保报销。既然如此，存在医保卡里的钱，可以取出来吗？这个答案是因地而异。全国各地关于医保卡里的钱是否可以支取的规定各不相同。绝大多数的地方是不允许支取的；有的地方虽然不允许取现金，但可以在指定医院或药店买药时使用；极少数地方个人缴纳的医疗保险费部分，居民可以根据需要支取现金。

社保体系的优化和改革，未来还有很大空间。

失业保险

这是对因为失业而暂时中断生活来源的人的物质补偿制度。和养老保险、医疗保险一样，失业保险同样由用人单位和职工个人共同按月缴纳。

以北京市 2020 年失业保险的缴纳标准为例：个人每月缴纳工资的 0.2%，直接从工资中扣除；单位每月缴纳工资的 0.8%，从公司人力成本中扣除。缴费上下限分别为每月 235.65 元和 36.13 元。

和养老保险、医疗保险一样，这笔钱也不是你随意领取的，并且，从某种程度来说，领取失业保险金的难度比前两种保险更难。它需要同时满足以下 3 个条件：

（1）所在单位和个人已按规定履行缴费义务满 1 年。
（2）非因本人意愿中断就业的。
（3）已办理失业登记，并有求职要求的。

也就是说，自动辞职并不在失业保险的保障范围内。想要领取失业保险金，先要做失业登记，必须提供单位出具的辞退证明，并且，你还得有求职意愿。

如果你一直找不到工作，失业保险可以无限期地领下去吗？答案是不行。失业保险保障的是"暂时中断生活来源的劳动者"，你仔细体会一下"暂时"两个字。失业保险不养懒人。因此，无论你已经缴纳了多少年的失业保险，保险金最长可以领取 24 个月。当然如果你重新就业后又失业了，缴费时间也会归零重新计算。

所以，千万不要把失业保险金想当然地视为保障生活的收入来源，它不但不可以持续，金额也非常有限。还是以北京市 2020 年的标准为例，无论你缴纳失业保险 1 年还是 20 年，每个月可以领到的失业金也只有 1 706 元—1 815 元。

生育保险

很多男生看到这几个字就自动跳过了，其实生育保险和性别无关，是指在怀孕和分娩期间的女性或需休假陪护妻子的男性暂时中断劳动时，由国家和社会提供医疗服务、生育津贴和产假的一种社会保险制度。

和前文介绍过的 3 种社会保险不同，生育保险不需要员工个人缴纳，由企业按照职工工资的 0.80% 按月缴纳，从公司人力成本中扣除。

大致来说，生育保险覆盖两个部分：生育医疗费、生育津贴。

生育医疗费是指女性在孕育期间的检查费、接生费、手术费、住院费和药费，由生育保险基金支付。当然如果你是在私立医院检查、生产，就没机会报销生育医疗费了。

生育津贴是指女员工在享受产假期间，生育保险基金按本企业上年度职工月平均工资发放的津贴。同样地，已参保的男员工也可以按规定享受看护假期津贴。

工伤保险

工伤保险是指劳动者在工作中或在某些规定的特殊情况下，比如上下班途中，遭受意外伤害或患职业病导致暂时或永久丧失劳动能力甚至死亡时，本人或其遗属获得物质帮助的一种社会保险制度。

和生育保险一样，工伤保险由用人单位按时缴纳工伤保险费，职工个人不用缴纳。

具体来说，因工受伤的员工如何获得工伤保险基金的赔付呢？首先，由一个叫"劳动鉴定委员会"的机构对你的伤情和未来的劳动能力做出鉴定。其次，根据这个伤情鉴定，工伤保险基金将按不同等级支付一次性的伤残补助金。伤残等级从10级到1级不等，赔付标准也因此不同。比如1级伤残为27个月的本人工资，10级伤残为7个月的本人工资。工资高于地区平均工资3倍的，按3倍计算；低于平均工资60%的，按60%计算。

工伤保险大概是五险中存在感最低的一项，绝大多数人一辈子都用不到它。可是天有不测风云，谁又知道呢？

还是以我自己为例，我已经缴足了15年养老保险，但能用到它的时候看来还遥遥无期；医疗保险，因为我很少生病，也没住过院，目前并没有发挥出什么价值；生育保险，因为两个女儿都是在私立医院生产的，原本该由生育保险基金报销的检查与生产费用也与我无关；失业保险，就更不用提了。貌似以上 4 种社会保险的保险费，我都白缴了。

可是，你们想不到吧，我竟然经历过一次工伤保险的赔付。2012 年夏天，我去重庆出差，考察我们公司当时准备投资的一项房地产开发项目。重庆本来台阶多，工地上更是坑洼不平，我一不留神就摔了下去，痛到站不起来。第二天坐着轮椅，由空姐们推着将我送回了北京。落地后直奔医院，公司人力资源部的同事已经在那里等候。他们陪着我做完各项检查，拿走了所有单据、X 光片、左脚跖骨粉碎性骨折的诊断书等。我并不十分清楚他们要做什么，3 个月后，当我终于从轮椅上站起来时，收到了巴掌大小的一个暗红色小册子，上面赫然印着《工伤证》3 个大字，我被鉴定为 10 级伤残。这让我多少有些哭笑不得。又过几个月，当我已经完全忘记这件事时，竟然意外地收到一笔钱。我问人力资源部的同事是怎么回事，他们告诉我，我的伤残补助金发下来了。

这五种社会保险和我们的生活息息相关。缴纳社会保险也是国家通过立法形式明确的每个工作者和企业应尽的义务。虽然这在一定程度上加大了企业负担，但从长远来看，对全社会劳动者的生老病死都起到了重要的保障作用。

当然，就像前文提到的，社会保险只提供非常基础的保障标准，如果你希望自己的生活有更多选择和自由，仅仅依靠社会保险是远远不够的。你除了要更加努力地工作，还必须更有意识地去管理自己所拥有的财富。

第四章　我纳税，我光荣

一金

一金指的是住房公积金。它的基本逻辑和五险类似，就是政府担心大家没有存钱买房的意识，某一天不得已露宿街头，无法正常生活。于是，强制性地每月从你的工资收入里按一定比例扣除一笔钱，存进你的公积金账户，而雇用你的企业（无论是什么性质的企业），也必须按照你工资基数5%—12%的比例额外支出一笔钱到你的公积金账户。

和五险一样，住房公积金也有缴存年限、缴存上下限等要求。以北京市2020年的标准为例，月缴存基数上限为27 786元，下限为2 200元（注意是基数，不是实际缴存额）。

和五险不一样的是，住房公积金是和个人对应的。也就是说，无论你这辈子存进这个账户多少钱，最终都是你个人的。满足一定条件时，可以部分或一次性取出来。无论何种方式提取，最终只能取出你的账户里的钱。全国住房公积金资金池里的钱多钱少，和你个人没关系。

住房公积金到底什么时候能提取呢？顾名思义，你买房子、盖房子、装修房子，甚至是租房子时，都可以凭借相关协议按规定流程提取。你大概要问，如果我这辈子既不买房，也不租房呢？根据相关规定，在某些特殊情况下，你也可以一次性提取缴存的住房公积金，比如离休、退休、出境定居、完全丧失劳动能力并与单位终止劳动关系等。①

即便你是因为买房、租房需要提取住房公积金，也并不是你想取多少就取多少，想什么时候取就什么时候取的。还是以北京为例，因为购买一手商品房需要提取住房公积金时，你必须提供购房合同、购房发票、你的身份证等资料才能申请。也就是说，这个提取是"事后报销"，你需要先支付首付款或全款去买房，住房公积金才能给你"报销"。

如果是因为租房需要提取公积金，你要提供租房合同、房租发票原件，并且证明自己在本市没有自有住房。获得批准后，每季度只能提取一次，月提取金额既不得超过本人住房公积金月缴存额，也不得超过月租金。提取期限为1年，满1年的要到管理部门重新审核无房记录。

你大概会觉得愤愤不平，明明是自己存进去的钱，为什么用起来这么麻烦？当然，住房公积金也不是一无是处，它最大的隐性福利就是：买房需要贷款时，公积金贷款的利率要远低于商业银行的贷款利率。

在一线城市，公积金贷款的使用率反倒没有其他城市高。主要有两个原因：第一，公积金贷款有上限。以北京为例，公积金贷款最多可申请120万元。对于一个商品房均价已经突破6万元/平方米，一套房动辄千万的城市，120万元的贷款额根本解决不了问题，还得去银行申请商业贷款。第二，由于公积金贷款申请流程

---

① 相关细则，可参考《住房公积金管理条例》。

长，审批复杂等现象，许多卖家都不愿意接受公积金贷款。

　　隐性福利用不到，提取又有很多限制，住房公积金就显得有些"鸡肋"了。并且，住房公积金存在账户里时既不能买理财产品，也不能投资，只能赚取较低的利息（年利率 0.7%—1.7%）。如果你的住房公积金几年甚至十几年都不提取出来，这笔钱的回报率就非常不乐观了。这就是住房公积金制度这些年受到质疑的主要原因。有不少官员和学者在呼吁取消住房公积金制度，为企业减负，让个人也拥有更多自由选择的权利。

　　未来，这个制度会怎样发展，让我们拭目以待吧。

第五章
把钱花掉，还是让它生钱

第五章 把钱花掉，还是让它生钱

挣钱了如何分配：切蛋糕的秘诀

扣完了"五险一金"，缴完了该缴的税，剩下的钱终于轮到你自由支配了。你打算用它们做什么？请朋友们去大吃一顿？买张飞机票去看看外面的世界？还是存起来，为了那辆心仪已久的小轿车继续努力？无论哪种选择都没有错，你的钱你做主。但是，你要明白这背后的逻辑，以及你的选择的最终结局。换句话说，你要清楚自己在做什么。

很多人会觉得花钱是世界上最容易的事，可如何把钱花得有章法、有效用，那可不简单。它体现的是你管理财产的意识和能力。

"财产"这词儿听起来挺大，好像跟你没关系。其实不然，1亿元是财产，100元也是财产，并且任何财产都是积少成多的。哪怕你梦想着去海底打捞载满宝藏的沉船，也得先挣出买船的钱来。

你现在十有八九是和父母住在一起，生活中的大部分开支都由他们负责。你可能从来没想过自己一个月到底要花多少钱。那么现在，先来让我们算一算。

主要的花费当然是衣食住行。以肖苺同学为例。

衣

校服夏装、冬装各一套，总计1 100元，一般可以穿一年。周末穿的便装价格约为600元，准备两套，两套总计1 200元。运动鞋一年有4双，普通运动鞋均价250元，总计1 000元。还有内衣、内裤、袜子之类的杂项，一年需花费300元。

第五章 把钱花掉，还是让它生钱

平均每月置装费总计：（1 100+1 200+1 000+300）/12=300 元。

食

早餐：猪柳蛋汉堡+有品豆浆，一套 12 元。

午餐：学校食堂三菜一汤盒饭，一份 18 元。

晚餐：校门口包子铺酱肉包子 4 个+鲜肉包子 4 个+黑米粥一碗，总计 19 元。

夜宵：烧烤 4 串，10 元。

对了，下午踢足球时，一般还要买一瓶可乐，3 元。

平均每月伙食费总计：62×30＝1 860 元。

住

住父母家虽然可能自由受到限制，但好处是一分钱也不用花。

行

每天坐公交车上下学，3 元往返。

平均每月交通费总计：3×30＝90 元。

这样算下来，肖苒一个月至少要花 300+1 860+90＝2 250 元。这个数字多少让他有些吃惊。要知道这当中并没有包括实际生活中占很大比例的住宿费，以及买文具、玩游戏、去游乐场等的零用开支。并且，肖苒心里明白，伙食费、交通费、置装费算得也都很保守。哪可能天天吃包子不腻呢，总要改善下伙食，时不时还得请同学们吃个饭。在服装方面，他自认为是不太讲究的，可是过年姑姑买给他的羽绒服，一件就要800多元。对了，昨天早上起晚了，坐公交车要迟到，只好打车上学，一趟要30元。这种情况，每个月也少不了有那么一两回。要是把这些都算进去，一个月三四千元怕是都不够。

以上大概还原了一名中学生的日常开支，等你真正步入社会独立生活，这份开支清单中的每一项都只可能更高。如果你生活在北京这样的一线城市，每月再加上两三千元的房租是很普遍的。

这样算起来，每个月准备5 000元用以衣食住行等日常开支，是相对保守的估计。我们假设你找到一份税后收入（扣除"五险一金"，缴纳个人所得税之后的收入）10 000元的工作，这些不起眼的日常开支，就占据了你可支配收入的50%。

那么，剩下的5 000元，你打算怎么处置呢？以下3种选择，请你仔细思考自己更倾向于哪一种。

（1）我这么年轻，这个世界对我来说太新鲜了。我想看画展、听音乐会，还想去旅行，5 000元并不多，我打算把它们都花掉。我相信，等我的见识和智慧增长后，挣钱的能力也会更强。

（2）那块名牌手表，我喜欢它很久了。虽然我也说不清它到底哪里好，但一想到有朝一日它终于戴在我手腕时，整个人都会变得动力十足。每个月攒5 000元，半年后我就能拥有它了。

（3）我现在一人吃饱全家不饿，可将来总要结婚生子。不存钱，什么时候才能买得起车和房。这 5 000 元我要全部存起来，只是我还不知道，该怎样才能让它更快地"钱生钱"。

就像我们的人生一样，这道题也并没有标准答案、每一个选择都不算错。但今天，我要告诉你一个秘诀，这个秘诀会让你的选择焕发出神奇的光彩，并使你未来的路更加平坦。

这个秘诀就是：比例。

你烧过菜吗？任何一道菜，都不能只有单一的调料，和烧菜一样，资产配置的秘诀就是比例。

你是不是发现了一个高端的名词——资产配置。其实无论你现在有 10 000 元的资产，还是未来有 1 000 万元的资产，资产配置的基本逻辑是一致的。

大体上，我们可以把可支配收入分为 3 类。一类用作短期消费，也就是我们说的日常开支；一类用作不时之需，比如你暂时性失业了，或者有朋友结婚要随份子，这些钱你可以把它存起来，就是通常说的储蓄，或者是购买本金安全、流动性强的货币基金；最后一类用作"钱生钱"，也就是理财投资。

还是接着说税后月收入 10 000 元的例子。其中 5 000 元用于衣食住行等日常开支，剩下的 5 000 元，你可以把其中 2 000 元存进银行。不过不要存时间太久的定期存款，因为年轻人用钱的地方多，利息低，但随时都能取出来，金融语言就是"流动性好"，这一点很重要。剩下的 3 000 元，可以用于一些风险较高的投资，比

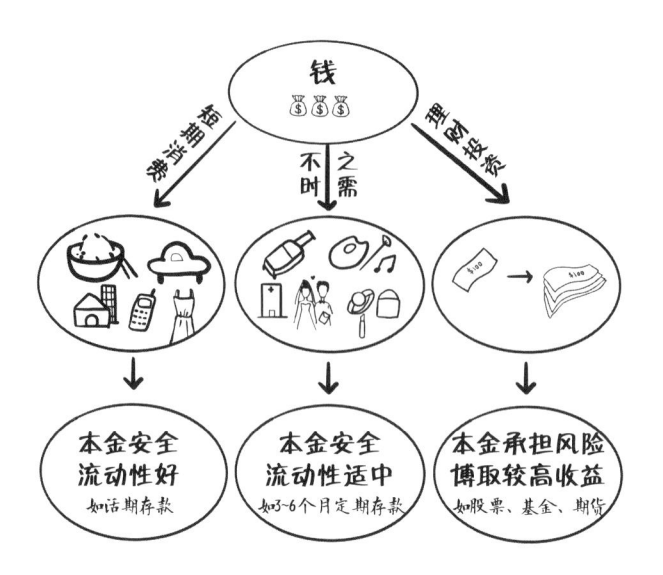

如股票投资。

这样一年之后，理论上你的储蓄账户里就有 24 000 元外加利息，利息肯定不多，但这笔钱肯定不会变少，金融语言就是"本金安全"。然后无论你是想去巴黎旅行，还是想读 MBA，都可以从这个账户支取。用作投资的那 36 000 元，无非会有两种结果：赚了，或者亏了。如果它翻倍变成 72 000 元，那么恭喜你，你可以选择用这笔钱再去买股票，博取更大的收益；也可以选择换一种方式投资，比如买基金，甚至投资房产；当然，你也可以取出来存进储蓄账户，落袋为安。无论这笔钱最终怎样，哪怕亏得一分不剩，你除了会心情沮丧，日常生活并不会受到影响。这样的资产配置就是相对安全又高效的。

我们可以看出，以上可支配收入的分配比例是 5∶2∶3。但这个比例并不是绝对的，它和每个人的收入水平、风险偏好、人生阶

第五章 把钱花掉，还是让它生钱

段都有关。比如，你能力很强，工作 3 年后工资有了很大的涨幅，每月税后收入已经超过 20 000 元。那么，50% 都用作日常开支就显得有点奢侈了，你可以把这个比例调整成 4∶2∶4。或者，你是个比较谨慎的人，不喜欢冒险，炒股带来的收益波动会严重影响你的心情，那么你可以把这个比例调整成 5∶4∶1。又或者，你已经结婚生子，孩子上幼儿园、报各种兴趣班的费用越来越多，那你可能需要相应提高短期消费，也就是日常开支的部分，因此可以把这个比例变成 6∶3∶1。

所以，这其实就是个人资产配置中的另一个核心逻辑——动态平衡。不要固守某一种分配比例多年不变，也不要盲从某些所谓"专业人士"给出的建议。没有人会比你更了解自己的人生阶段、收入能力、家庭情况、心理承受力等。

随着年龄增长，我们的知识结构和身体状况都在逐渐变化，收入水平很可能会逐渐降低。反之，退休之后有大量的空闲时间，无论去周游世界还是读老年大学，都需要花钱。不仅如此，随着各种各样的疾病找上门来，高昂的医疗费用会让日常生活开支急剧上升。这时，我们应该提高短期消费的比例，让晚年生活更有品质，并且把绝大多数的资产都逐渐转移到本金安全的低风险投资产品中。现在你应该明白，为什么非常不建议老年人从事高风险类的投资，它背后的逻辑就是资产配置的逻辑。

总之，要做分配，不要把鸡蛋都放在同一个篮子里，而且，篮子里的鸡蛋，还要根据个人情况随时做出调整。这 3 类里，其实还可以有很多不同的细分和组合，我会在后文"精彩的理财投资世界"这一节中告诉大家。

那么，究竟有没有全世界通行的、最佳的家庭资产配置组合建议呢？就像前文讲过的，世界上没有完全相同的两个人，没有状况完全一致的两个家庭，也没有人比你更了解自己的情况。所以同样地，世界上不存在通行四海的资产配置组合。资产配置的逻辑，本身也并没有那么高深莫测。

看完了这一部分的内容，我相信你大概心里已经有数了。从收到第一个月工资开始，就有意识地为自己的收入做规划，你未来的财富能力和财富水平一定会比不做规划的人要强。就像我常对女儿说的："花钱不怕，怕的是不知道钱花哪儿去了，以及为什么花钱。"

至于那些层出不穷、五花八门的金融产品，你如果自己不懂，可以找销售人士去问清楚，他们有义务向你揭示产品中的风险。在了解了这些信息后，你的资产中有多少可以用作高风险投资，有多少用作本金安全的储蓄，有多少用作短期消费，还是你自己说了算。

> 尝试向家中的长辈解释，为什么老年人不适合做高风险类的投资。

消费：你真的会花钱吗

花钱还有人不会吗？你还真别说，花钱的学问可大了，明白其中的原理，并且能用这些原理指导自己理性消费的人，那可真是不

第五章 把钱花掉，还是让它生钱

多呢。

在上一部分，我们把可支配收入大致分为 3 类，其中有一类是"短期消费"，也就是日常开支。刚工作不久的年轻人因为挣得少，五彩斑斓的世界又充满诱惑，这一部分往往占据其可支配收入非常大的比例，稍不留神就会入不敷出。"月光族""卡奴族"不都是这么来的吗？

想要学会理性消费，首先得问问自己，是不是甘愿做物质欲望的奴隶。

我们总会看到一些年轻人，他们的自信、成就感、奋斗目标，全都围绕着拥有一辆名牌汽车或是一款奢侈品牌包，我真是备感遗憾。他们忘记了自己，为物质交出了丰富的精神、宝贵的时间，还沾沾自喜、振振有词。他们拿着微薄的收入，排着队、挤破头，为大公司的利润表做贡献。有一天，当他们失去这些外在标签时，他们很可能会自卑、迷失、痛苦。

在人生的任何阶段，我们都要学会控制自己的欲望，而不是被欲望控制。事实证明，能更有效地控制自己欲望的人，更容易取得成功，无论是工作还是生活。

你听说过"延迟满足"的实验吗？美国斯坦福大学在 20 世纪 70 年代由心理学专家沃尔特·米歇尔（Walter Mischel）教授组织开展了一系列实验，这些实验被称为"棉花糖实验"。

实验随机选取了斯坦福大学 Bing 幼儿园数 10 名平均年龄 4 岁半的儿童，男孩女孩各占 50%。研究人员将他们分别带去一间小教室，教室中央有一张桌子，桌上的托盘里摆放着棉花糖、曲奇或饼干棒。研究人员向孩子们说明规则：稍后我会离开教室，如果你非常想吃桌上的零食，可以摇铃铛叫我回来，然后吃掉它们，但没有奖励；如果你能等我回来后再吃，除了桌上的零食，你还会额外得到一份糖果和饼干作为奖励。

实验开始后，少部分孩子不假思索地立刻吃掉了零食；多数孩子会看着零食做激烈的思想斗争，在一定时间后放弃等待，选择摇铃；只有一小部分孩子最终成功坚持到 15 分钟后研究人员返回，当然也获得了额外的奖励。

实验并没有结束，有意思的事情在后面。这一系列实验发生在 1970—1972 年，研究人员在后续几十年里持续跟踪这些实验对象，发现那些更擅长控制自己欲望，从而获得更大满足的孩子，在成年后的表现也更为优秀。例如，在美国 SAT 考试中取得了更好的成绩，工作后在职业领域表现得更有竞争力，甚至是中年后对身材的管理也更为有效等。

棉花糖对于 4 岁半孩子的诱惑，绝对不亚于一双好看且昂贵的鞋子对你的诱惑。你能抵制诱惑吗？

在消费领域，养成理性消费的习惯会令你受益终身。学会让钱发挥更大的价值，你也会有意想不到的收获。

如何才能培养起理性消费的习惯呢？以下分享 6 条容易学会的方法。

第五章　把钱花掉，还是让它生钱

养成计划和总结的习惯

有些年轻人有每天记账的习惯，记录下自己每天的收入和开支，这很值得肯定。但也有人觉得每天记账会浪费很多时间，事情琐碎，也容易忘记。而且现在我们的日常消费绝大部分是通过手机或者银行卡完成的，这些支付方式本身都有全面的消费记录，可按需随时查看，也可以每月生成消费总结。

因此，我建议你不一定要每日记账，但一定要养成计划和总结的习惯，知道钱去了哪里。我认为，以月为单位，是比较理想的状态。你可以选择每月月初，或者发工资那天，来审视自己的财务状况。列个表格，想想接下来的一个月里，你打算拿多少钱存入"不时之需"的账户，拿多少钱去"理财投资"，剩多少钱给"日常开支"。一个月后，别忘了回来总结，看看原本分给"日常开支"的那一项有没有超支，如果超了，具体超在哪里。无论是哪方面超支，下个月你要有意识地在这些方面做出控制。久而久之，不仅财务状况会有所改观，你还能慢慢学会控制自己的欲望。

每年年底或下一年年初，是我们回顾总结上一年财务状况，并为未来一年做出规划的好时机。年复一年，当你看到自己的总资产在稳步上升，越来越领先于同龄人，相信我，那时你收获的喜悦、对自己的认同，以及累积的财富将为你创造更精彩的世界，它给你带来的，一定会比你 20 岁时节衣缩食，把信用卡刷爆买一双名牌鞋带给你的虚荣心满足，要幸福得多。

信用卡并非越多越好

在第二章，我已经为大家详细介绍过信用卡的运作原理。就像我之前讲过的，信用卡的核心价值是使用更便捷，它不可能改变你的生活品质。如果你想依靠它过原本不属于你这个收入水平该过的生活，那离金融犯罪就不远了。很多年轻人陷入财务危机，都是从不当使用信用卡开始的。

你要明白，信用卡的本质是消费贷款，你刷出去的每一笔钱，最终都要连本带利地还给银行，一辈子都跑不掉。每当我看到一些不明就里的年轻人，骄傲地展示他们钱包里五颜六色的信用卡：这张可以透支2万元，那张可以透支1万元……我都为他们捏一把汗。千万不要觉得信用卡多，就意味着自己很有钱，相反，它只能说明你面临更多的潜在财务风险。

尽量不要借钱消费

在我们这代人的成长过程中，借钱是一件很困难的事。通常，你只能和周围的人张口，无外乎亲人或者朋友。这意味着你需要回答一连串的问题：借钱干吗？你自己的钱呢？什么时候还？你非干这事儿不可吗？毫无疑问，这是一件很没面子的事情。

但现在回想起来，正是因为不想面对这样的尴尬和难堪，无形中为我们脆弱的财务状况提供了保护，使我们不至于轻易陷入财务危机之中。

第五章 把钱花掉，还是让它生钱

如今的互联网时代，借钱变成了一件很容易的事。

我每天都会接到好几个向我推销贷款的电话，其中不乏大牌正规的金融机构或者互联网公司。他们的话术大致如下："女士您好，根据我行（公司）对您的信用评估，鉴于您信用记录一向良好，我行（公司）决定向您发放一笔 20 万元（或者更高）的贷款，您可以享受我们的 VIP 利息待遇……"一般听到这里，我都会打断对方，告诉他们我不需要，并且请他们以后不要再打电话给我了。贷款专员的这一番话，好像是我中了彩票，不借这 20 万元就吃大亏了，一般人还没这机会呢。可实际情况真的如此吗？

贷款专员不像我们的亲朋好友，不但不会问我借钱干吗（贷款用途）、什么时候还，反而恨不得立刻把钱打到我的账户，似乎我不借都不好意思。然而天下从来没有免费的午餐。如果你掌握一些基础的财商知识，可以自己算算这种所谓消费贷款的年利率有多高。

现在市场上此类消费贷款的年利率普遍在 30% 以上，有些不正规的贷款平台的年利率甚至接近 50%，并且是以月复利计算利息。这可是实打实的高利贷，还是利滚利。一旦伸手借了这样的钱，对于年轻人来说，就毫无疑问会陷入人生的困境。有些人由此陷入财务危机，多年不得翻身；更有许多极端的社会暴力犯罪，最初都是由网络借款引发的。

社会运转的本质是交换，交换就需要付出代价。付出代价不怕，怕的是表面无害，背后却是一个你根本付不起的价格，直到付出一生的代价。在 App 上随便按几个按键，连真人都不需要面对，一笔钱就进了自己口袋，世间真有这么美好的事吗？等到如黑社会成员一般的催收队上门时，一切就为时已晚了。

不到万不得已，不要借钱消费。对于年轻人来说，真遇到非得借钱才能闯过去的难关时，千万要远离高利贷。请记住，你的第一选择永远是家人。即便他们会问你一堆问题，会唠叨你，甚至会骂你，这些"委屈"比起毁掉自己的前途和人生，都只是最温柔的代价。

重大消费要设定"冷静期"

再理性的人也有冲动的时候。遇上自己特别喜欢的东西，商家再动用一些促销手段，能抵抗住诱惑的人恐怕是少数。

前阵子，某国际奢侈品牌放出消息，即将全球提价，在提价前一天，还真有不少人连夜在专卖店门口排队。我没想到的是，公司里一个20多岁刚工作不久的女孩，也参与了这场堪称疯狂的抢购。我把她叫到办公室，问她是怎么想的。她特别激动地跟我讲："我真不是冲动，我看上这个包很久了，本想等攒够了钱去香港买，可这一轮提价，原本2万元的包，要将近2.3万元了，所以现在必须出手！"

我帮她算了笔账，这个女孩税后工资不到8 000元，在北京每个月衣食住行的日常开支就用掉将近70%，2万元的包，即便她把剩下的钱全部攒起来，也得攒将近1年。我问她："你之前为什么一直没买？"

第五章　把钱花掉，还是让它生钱

"钱不是没攒够嘛，而且也还是有点舍不得。"她略带羞涩地说。

"那现在呢？钱攒够了？"

"没有……刷信用卡买的。"

我叹口气，说道："你差的是它提价的那3 000元吗？你差的是那2万元啊。"

当着她的面，我打开了这个奢侈品牌的香港网站，同一款包，即便在提价后，它在香港的售价是23 700港元，折合成人民币大约20 320元。也就是说，她排了半个下午的队，以为省下的那3 000元，瞬间就化成泡影了。她盯着电脑屏幕，半响，愁眉苦脸地说："其实，我之前也研究过它家的香港网站，但是那天一听说要提价，就有点着急了，忘了再比较价格了。"

且不论对于一个月薪不到1万元的人来说，2万元的包是不是属于她能够承受的消费范围，单就说她这次消费行为是否过于冲动。一个涨价的消息，就打乱了原本的购买计划，接下来的几个月，她恐怕要为还信用卡节衣缩食，甚至连和同事们聚餐时AA付账的钱都出不起了。

"算了，反正去香港还要花机票酒店钱，就当提前给自己送生日礼物了。"她悻悻地自我安慰。

我不忍心打击她，去趟香港的确还要花路费、住宿费，但旅行的意义绝不仅是购物，它还拓宽了眼界。对于年轻人来说，有没有名牌包并不重要，重要的是你见过多少种人生、看过多少种风景。

因此，在遇到重大消费时，一定要给自己设定冷静期，冷静期最好不低于 24 小时。很多东西你当时没买，第二天再看，就觉得似乎也没那么必要了，千万别被商家的营销手段打乱计划。尤其那些价格很高的消费品，一个冲动，或许会让你接下来的生活水平下降好几个档次，甚至会因此背上债务，久久都翻不了身。

至于多少钱算是重大消费，每个人有不同的标准。在我看来，对于月薪 1 万元的人而言，单次消费超过 5 000 元，就值得三思而后行。

便宜未必真便宜

肖苒去超市购物结账时，收银员告诉他："您这次消费满 200 元，再加 20 元，可以换购原价 68 元的马克杯。"他在心里做了个简单的计算：20/68＝29.4%。还不到 3 折，这么大的便宜怎么能错过，旁边那个只买了 190 元东西的人，还没资格占这个便宜呢！他不假思索地付了钱，兴高采烈地拿着杯子回了家。打开餐边柜一看，这已经是他买回来的第 6 个马克杯了，和前 5 个杯子放在一起，这个除了便宜好像也没什么特别之处。于是，这个马克杯和那 5 个杯子的命运一样，在餐边柜里静静地躺着，一年也派不上一次用场，终于有一天，几乎崭新的它被丢进了垃圾箱。

很快就到"双十一"，某宝上的商家都在搞跨店"满 300 减 60"的活动，这促销也太给力了吧！肖筱妮把存在购物车里很久，早就计划好要买的东西都勾选上，发现正好 870 元。她眼珠一转，

第五章　把钱花掉，还是让它生钱

再买 30 元的东西总价就可以减 180 元，这样的好事儿怎么能错过呢！肖筱妮返回某宝首页，刷啊刷，看上一个 260 元的榨汁机，放到购物车，1 130 元。不划算，再多买 70 元，总价就减 240 元了，还得接着买。就这样，不知不觉中，她一口气买了 2 000 多元的东西，完全超出了之前的预算。为了凑单多买的那些东西，大部分都在用过一两次之后就静静地躺在家里了。

你一定也有过类似的经历吧。肖苒并不需要第 6 个马克杯，肖筱妮其实也不需要 870 元以外的其他东西。和追求奢侈消费的人还不同，他俩都是奔着"便宜""省钱""划算"才买的东西。可是，那些便宜就真的便宜吗？

以肖苒的马克杯为例。假设我们一周逛一次超市，每次多花 20 元买些没用的东西，看起来不起眼，一年就是 1 040 元，那么我们这一生花在完全没用的东西上的钱，就将近 10 万元。这其实是个相当保守的估计，倘若把这笔钱存进银行或者用于投资，它还有可能为我们带来更丰厚的回报。

那个马克杯的成本或许还不到 20 元。当你接收到"68 元""200 元"这些数字信息后，就不自觉地在心里设定了一个锚，和这个"锚"相比，20 元真的是相当低廉了。这就是行为经济学里非常著名的概念——沉锚效应。至于杯子的原价到底是不是 68 元，你根本没有办法核实。

在这里，我想告诉你两个词——价格、价值。理性消费，是价值驱动的，而不是价格驱动。对我们真正有价值的东西，价格再贵，也值得买。反之，对我们其实并没有价值的东西，价格再低，买了也是浪费。

时间是最宝贵的财富

如果我问你，时间和金钱哪个更有价值，你会如何选择？

假设周末的上午，你去图书馆看书，突然想起前几天放进购物车的保温杯，再不下单优惠就截止了。你情不自禁打开手机，却在推荐页面里看到一个和它长得差不多，价格却便宜 3 元的保温杯。你比来比去，从材质到点评，和两个店铺讨价还价，又为了是否包邮的问题沟通许久。转眼间，一个上午过去了，你终于买到了自己心仪的保温杯，比之前便宜了 5 元钱呢！

所以，上午整整 3 个小时的大好时光，只值 5 元钱。理论上，我花 40 元，就能买到你的一天。如果真可以花钱买一天的青春时光，别说 40 元、400 元，就算 40 000 元，排队交易的人估计都趋之若鹜。

再说说我们公司买奢侈品包的那个女孩。我发现，无论谁背什么包去公司，她都能告诉大家这个包是什么系列、有什么特点、为什么值钱。我很好奇她怎么知道这么多。她用不可思议的眼神看着我说："您随便去网上看看，很多达人介绍的！"

我留意了下这个女孩，发现她每天用大量时间看别人的拆包分享、时尚穿搭。一边看，一边小心翼翼地擦拭她的奢侈品包，谁端着咖啡靠近她的办公桌都让她紧张万分。有一次我很认真地问她："你懂这么多，为什么不去时尚公司找份工作呢？"她以为我在揶揄她，有点羞涩地回答："我就是喜欢，我懂的这些都是入门级的，哪可能在时尚公司找到工作。"

我真心替她惋惜。堂堂金融专业的高才生，这么宝贵的青春时光，却没有集中优势资源为梦想打拼。

如果把网购的时间用来认真工作，把刷短视频的时间用来学习，3 年之后，保证你在职场上的身价会超过那些把时间浪费在吃喝玩乐上的同龄人。而这种持续性的努力，会随着你的年龄增长，呈几何倍数回报给你。

第一个故事讲的是穷人思维和富人思维的区别。穷人拿时间去换钱，而且往往是蝇头小利；富人恰恰相反，他们拿钱去换时间，不仅为自己赢得更多可支配的自由时间，还要买别人的时间为自己工作。当然，用金钱换来的时间不是用来睡懒觉、发呆、玩游戏、逛街的，而是用来创造价值的。

第二个故事讲的是时间的效用。无论是对街头的流浪汉，还是对世界首富，时间都是公平的，每个人一天都只有 24 小时。如果你取用得当，时间会像复利一样创造价值，在未来成倍地回报于你；如果你取用不当，你甚至还没有意识到它的宝贵，它就已经离你而去了。

花钱的学问其实还有很多，但只要你能充分理解，并在日常生活中运用到以上几点，我敢保证，你已经比同龄人早一步建立了理性消费的意识和习惯。而对于时间这种不可再生的宝贵资源的认知和把握，一定会让你终身受益。

钱生钱：储蓄？ 理财？ 投资？

储蓄也会遇到"坑"

"不时之需"常有，它有时带给我们快乐，有时带给我们烦恼。比如突然收到大学室友的结婚请柬，你得准备 800 元的红包；比如周末打篮球时崴了脚，去趟医院看急诊，各项费用一下就花去 500 多元；再比如亲戚从老家来北京旅游，作为东道主总得请他们吃顿烤鸭，少不了又得花几百元。

为了纪念初入职场一周年，赵钟隐打算利用年假奖励自己一趟巴厘岛旅行。除了日常开支和用作投资的积蓄，他每个月拿出税后收入的 20% 存入"不时之需"账户的资金，此刻已有 2 万多元，旅行的费用绰绰有余。赵钟隐兴高采烈地查好了机票酒店，却在下单时遇到了麻烦。怎么回事呢？账户里的钱不能支取。

他百思不得其解，打通了银行的客服电话，客服小姐姐无比温柔地回答："客户您好，去年您在我行办理了每月存 2 000 元、为期 1 年的'零存整取'业务，下个月 1 号才满一年，您现在如果提前支取的话，之前 11 个月的存款就只能按照活期利息给您计算了。"

什么情况？赵钟隐有点懵，仔细回忆一下，好像还真有这么回事儿。当初办业务时，只想着每个月自动扣转 2 000 元存到"零存整取"账户比较省事儿，忽略了要存满 1 年后这笔资金才可以取用的条件。可等到下个月 1 号，好不容易请到的年假就过期了，他挠挠头，心烦意乱地接着问客服小姐："如果我现在取出来，利息会损失多少呢？"

"是这样的，先生，我行 1 年期零存整取利率是 1.35%，也就是说，您的 24 000 元本金，如果等下个月 1 号再支取的话，利息大概是 324 元。如果您现在支取的话，只能按照 0.35% 的活期利率计算利息，大概是 77 元。"

赵钟隐有点不爽，听起来就差了 200 多元，还可以接受，可按照倍数算起来，利息收入差了 4 倍还多。倘若他的本金不是 24 000 元，而是 24 万元，或者更多，那损失可就不是一点点了。

都说储蓄是最安全的，想不到一样也有"坑"。

总体来说，相比"理财"和"投资"，储蓄存款的确最简单，本金也最安全。大体上，它可以分作 3 类：活期存款、定期存款、通知存款。

活期存款，是指不约定存期，储户可随时存取，存取金额不限的储蓄方式。活期存款不用特别去操作，把钱存在银行里，就默认是活期存款。活期储蓄存取方便，流动性好，但相应地，它的利息也最低。根据 2020 年中国银行公布的存款利率表，活期存款的年利率是 0.30%。

如果没有特别说明，利率都是以年为标准计息，用百分数表示。比如银行网点电子屏幕上显示"活期存款利率 0.30%"，就表示 100 元在银行里存满 1 年活期存款，将获得 3 角利息收入。

定期存款，是指储户在存款时约定存期，一次或按期分次存入本金，整笔或分期、分次支取本金或利息的一种储蓄方式。定期储蓄存款期限固定、存期较长、利率较高，但相应地，它的流动性比较差。

定期存款又可以细分为从 3 个月到 5 年不等的"整存整取"（存多少钱，一定期限后一次性取多少钱），以及复杂一点的"零存整取""整存零取""存本取息""定活两便"等。定期存款的存期越长，利息越高，年利率在 1.35%—2.75%。

通知存款，是指一种不约定存期，支取时提前通知银行，约定支取日期和金额方能支取的存款。个人通知存款不论实际存期多长，按存款人提前通知的期限长短，又可划分为"一天通知存款"和"七天通知存款"两种。"一天通知存款"必须提前一天通知银行支取的数额，它的年利率是 0.55%；"七天通知存款"则须提前七天通知银行支取的数额，它的年利率是 1.10%。

以上介绍的各种储蓄产品，它们最大的优势就是保本保息，相对应地，它最大的劣势就是利息太低。

你大概会说：把钱存进银行，一分都不会少，到期还能赚到利息，这不是"躺赢"吗？那么，让我们一起来看看这到底是不是一件"躺赢"的事儿。

"通货膨胀"这四个字，你一定听到过吧，可它到底是什么意思呢？

通货膨胀，简称"通胀"，简单来说，是指货币流通数量增加，而使得物价水准在某一时期内连续上涨，造成货币购买力下降的现象。单纯的某一种商品在短时期内涨价，不能叫通货膨胀，但物价水平整体地、持续性地以一定幅度上涨，就是通货膨胀无疑了。

某商场猪肉上星期33元/公斤，今天35元/公斤，这不能算通货膨胀。2015年，猪肉全国均价为18元/公斤，2020年，猪肉全国均价大约为35元/公斤，这就是通货膨胀。①

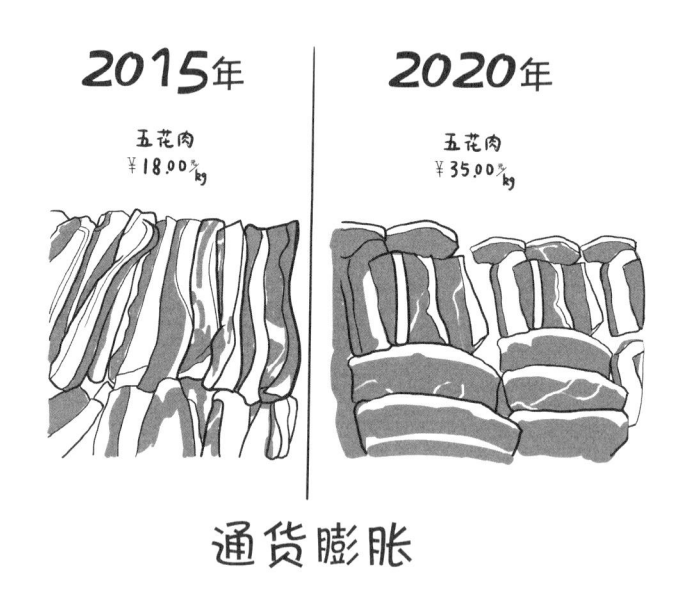

2015年　　2020年

五花肉 ¥18.00/kg　　五花肉 ¥35.00/kg

通货膨胀

现在，让我们来做一道应用题。

肖苒有100元钱，2015年，猪肉18元/公斤，请问他能买多少猪肉？假设2015年肖苒将这100元钱存进银行，按照银行定期存

---

① 排除猪周期、猪瘟等特例情况。——编者注

款（5年期整存整取）最高利率2.75%计算，2020年，当肖苒的5年期银行定存到期取出后，猪肉为35元/公斤，此时他可以买多少猪肉？

（1）2015年，肖苒可以买100/18＝5.56公斤；

（2）2020年，肖苒可以买（100＋100×2.75%×5）/35＝3.25公斤。

这道应用题很简单，可这其中的道理，在今天之前你有没有认真地想过？

这道应用题中选取的数据都是政府统计机构公布的真实数据，银行利率也是市场通行的真实利率。2.75%的5年期定期存款利率，已经是中国所有银行储蓄产品中的最高利率，为此，肖苒的100元失去了长达5年的流动性，可遗憾的是，他能买的猪肉还是越来越少。你现在终于可以理解，为什么有时家中的长辈会感叹钱不值钱了。

20世纪80年代，社会上的有钱人经常被称作"万元户"。如今，北京市2020年社会平均工资为77 560元。是我们每个人都变成超级有钱人了吗？当然不是，这是因为通货膨胀。

一个国家的通货膨胀率往往通过居民消费价格指数（CPI）来反映。国家统计局2021年1月11日公布的数据显示，2020年中国居民消费价格指数比上年上涨2.5%。这句话可以简单地理解为：2020年年初花100元能买的东西，到年底要花102.5元去买。现在你还会觉得把钱存在银行的储蓄产品中是"躺赢"吗？银行一年期定期存款利率大约为 1.75%，根本弥补不了通货膨胀为我们带来的损失。

当然，在全球新冠肺炎疫情的大背景下，这个数据其实还是很令人欣慰的。改革开放以来，我国最严重的通货膨胀发生在 1994 年，曾高达 28.4%。有兴趣的话可以问问家里的长辈，他们对那一年发生的事或许会印象深刻。

我们从小到大都被教育：要节约，要储蓄，把钱存在银行最安全。但或许并不是这样。表面上看，银行里的钱一分没丢，可有些钱已经消失于无形之中了。而且，从理论上讲，银行同样有破产的可能，等银行破产那天，你存在银行里的钱，无论是定期还是活期，无论是本金还是利息，同样有可能拿不回来。

这就是为什么在很多场合我都在强调：针对中国青少年的财商教育，不宜再一味强调储蓄的重要性，这会令我们本来就趋于保守的性格，变得愈加保守。在本章的最后，我附上了一份金融机构常见的"风险承受能力评估问卷"，你也可以在互联网上找到很多类似版本的问卷。无论何种版本的问卷，都会有类似下面的一个问题。

当你的投资本金遭遇多少损失时，你会有明显的焦虑：

A. 10% 以内

B. 10%—20%

C. 20%—30%

D. 30%—50%

E. 超过 50%

第五章　把钱花掉，还是让它生钱

现在，请认真思考这个问题，然后给自己一个答案。

这道题其实隐含着以下两层更深刻的道理。

第一，在任何一样投资中，风险和收益都是正相关的。也就是说，当你追求更高收益时，必然得承受更高的损失本金的风险。这句话反过来说也成立，但你的感觉可能会不太一样：当你做好承受更多本金损失的准备时，才有可能获得更高的收益。所以说，年轻时不要太害怕失败，失败不一定能成功，但想要成功就必然得经历失败。当然，我从来都不鼓励年轻人盲目牺牲，更不希望看到任何人因为缺少常识或者太理性，在金融社会遭遇巨大损失。想要避免这种情形的发生，就务必要记住下边的第二点。

第二，投资本金不等于全部资产。这句话在人生的任何阶段都成立。我们可以投入去奋斗，投入去生活，投入去爱。但是，在投资这件事上，永远不要拿你的全部资产"All IN"（孤注一掷）。历史的经验证明，那些拿自己的全部身家，甚至借债去孤注一掷做某种投资的人，绝大多数都以失败告终，其本质与赌博无异。记住前文告诉过大家的那个词——比例。留够了"日常开支"和"不时之需"的部分，剩下的才是用来"投资"的本钱。这样即便你的投资血本无归，也不会对生活造成巨大影响，这是个安全底线。

有年轻人跟我说："不是我不锻炼投资能力，是每个月根本就剩不下钱来投资啊。"这句话我是不信的，如果每天少喝一杯咖啡，一个月就能多出500元，一年就能多出6 000元的本金用来投资。我是建议你把原属于"储蓄"那类的钱拿去"投资"，而不是去"消费"。

也有人说："我也不甘于把攒的钱全部放在储蓄账户里，我愿意冒一些风险，承受一些损失，可我完全不知道该干什么？"这个不怕，接下来，就让我带你进入精彩的理财投资世界。

精彩的理财投资世界

通过前文的讲述，你应该已经隐约感受到理财投资与储蓄最大的不同。没错，进入理财投资的世界，就意味着收益是不确定的，并且你的本金也将承受一定风险。

那么理财和投资又该如何区分呢？理论上讲，它们之间并没有严格的界定，你去问100个人，或许会听到100种说法。最简单的理解是：理财的核心目的是资产保值，并有稳健的增长；而投资则是以资本博取更高的收益，当然也要承担更大的风险。

什么叫"资产保值"？顾名思义，"保值"就是不亏。"亏"有两种情况：第一，是你的本金在理财投资的过程中变少了；第二，是你的本金名义上没有少，但因为通货膨胀，它变得不再值那么多钱了。

根据国家统计局公布的最新数据，2020年中国居民消费价格指数比上年上涨2.5%。有很多人把"跑赢通货膨胀"作为自己理财的目标，按照这个标准，2020年如果你的资产总额的综合回报率没有超过2.5%，就意味着你可能已经"亏"了。

2.5%听起来是个相当保守的目标，可是在理财的世界里，想要实现它也并不是易如反掌。首先你得搞清楚那些"理财产品"到底是怎么回事儿。

如果说银行的储蓄种类已经让人眼花缭乱了，那各种各样的理财产品就更让人"丈二和尚摸不着头脑"了。打开一个出售理财产品的 App，其中理财产品至少有几十个，每个产品听起来都有点像，但似乎又不一样。不用担心，即便是专业人士，也很难在短时间内把它们都搞明白。但这些理财产品无论怎么包装，无论在哪个 App 出售，都万变不离其宗。根据投资性质的不同，我们可以把它分为以下五类。

现金管理类产品

这类产品多投资于货币等低风险领域，投资期多以"天"计，申购赎回都很灵活，有较强的流动性，但相应地，收益也较低。具体有多低呢？大部分现金管理类理财产品的年化收益率在 2%—3%。你可以看出来，这比银行储蓄存款，无论是通知存款还是活期存款，还是要高。而且大部分现金管理类理财产品都能够做到 T+0 或者 T+1 赎回。也就是说你要用钱的时候，当天或者第二天就能取出来。

既然如此，谁还会把钱储蓄在银行呢，流动性差，利息又低。的确如此，现金管理类理财产品的存在对银行储蓄存款的冲击不小，但就像我们前文讲过的，既然叫"理财产品"，它就不是百分之百保证本金和收益安全的，但在理论上，它的风险还是高于储蓄存款。当然，总体来说，它是风险最低的理财产品。

固定收益类产品

这类产品是指投资存款、债券等债权类资产的比例不低于 80%

的综合产品。它们通常有固定的投资期限，如 3 个月、6 个月、1 年，甚至还有好几年的。通常也有一个预期的年化收益率，大部分在 3%—5%。

一般来说，固定收益类产品的流动性比现金管理类产品要低，风险要高，相应地，它的潜在收益也更高。千万别觉得它名字里有"固定"两个字，产品说明书上写的预期收益率就是板上钉钉的事情。"固定"只能说明它的底层资产是债券类的，事先约定了固定的利息回报，而不是浮动的。至于本金和利息是不是能按照预期兑现，那取决于底层资产的质量。我们也经常在新闻中看到，某些知名的大型企业向银行借了很多钱，最终却无力偿还，甚至因此宣告破产。如果以银行借给它们的贷款作为底层资产设计固定收益产品，它的投资者难免要跟着受损失。

权益类产品

这类产品是指投资权益类资产的比例不低于 80% 的综合产品。什么是权益类资产呢？最典型的就是股票、股票型基金。大家都知道炒股风险大，权益类的理财产品虽然跟炒股还隔着几层，但因为它的底层资产和股票相关，它的潜在风险自然也不低。

有人要问了，那跟直接炒股有什么区别呢？它能平滑你的收益和风险。就好像玩蹦床时给你包一层保护气垫，气垫导致你蹦不了太高，当然摔的时候也不会太疼。简单的理解就是，它帮助你在亏的时候不会亏太多；当然，赚钱的时候，产品的发行人也要多分去一些。市场中，银行如果没有足够专业的投资研究团队，一般也较少涉足这类风险较高的理财产品。

商品及金融衍生品类产品

这类产品是指投资商品和金融衍生品的比例不低于80%的综合产品。投资"商品",可不是买块手表、买双鞋,通常是指投资大宗商品,比如原油、钢铁、大豆等。金融衍生品就更复杂,包括远期、期货、期权、掉期、利率互换等。设计这些理财产品,对专业性的要求更高,所以目前市场上也很少有银行专注于此类投资。通常只是在混合类产品中做一些配置。

混合类产品

这类产品就是以上几种的"大杂烩",不会出现某一类产品的比例特别高的情况。混合类产品在银行发行的理财产品中比较常见,它们的投资周期、目标收益率、风险评级会有较大差异,要具体分析。

表5.1 理财产品的五大类别

项目	现金管理类产品	固定收益类产品	权益类产品	商品及金融衍生品类产品	混合类产品
风险	最低	较低	较高	高	具体分析
流动性	高	高	较低	具体分析	具体分析
收益	低	较低	较高	高	具体分析

介绍完了理财产品的大致分类，你对自己的理财能力有信心吗？如果没有也不用气馁，任何人都有学习和失败的过程，但要勇于尝试，不要故步自封。如果你能在 25 岁用 1 万元，了解各种理财产品的特点和风险，找到适合自己的投资组合，就不要把这件事留到 40 岁，用 100 万元甚至更多的积蓄去试错。

讲完了储蓄和理财，就到了最难也最有趣的部分——投资。关于"投资"的概念，一万个人有一万种理解，简而言之，它是用钱去生钱的事儿。我在下一章带你畅游精彩的投资世界。

先回到这一节的主题，我们的钱到底该怎么样安排，才能在满足日常开支的同时，还能尽可能地保值增值？无论是储蓄、理财，还是投资，首先要搞清楚以下 3 个基本问题。

第一，本金是否有保障？也就是常说的，是否"保本"。银行的各项储蓄类产品，如"通知存款""定期存款"等，理论上都能够保证本金安全。除此之外，国债，又被称为"国家公债"，是国家以其信用为基础发行的债券。如果你对国家信用有信心，就可以买国债。除非发生非常极端的情况，否则国债是能够保证本金安全的。

第二，流动性如何？也就是说，你需要怎样做、花多长时间，才能把本金取出来。如果你通知银行说要用钱，银行当天就可以把钱打给你，就是通常所说的 T+0，如果银行下一个工作日把钱打给你，就是通常所说的 T+1。选择任何一种储蓄产品或理财产品之前，都要看清楚它的周期，以及如何赎回、多久能赎回、有没有额外的费用。流动性好的产品能保证你在相对短的时间内随时取用，

第五章 把钱花掉，还是让它生钱

不至于出现急需用钱却取不出的尴尬局面。

第三，收益怎么样？收益往往是大家最关注的。但其实，收益也分两种情况：确定的收益和目标收益。银行存款的收益（利息），无论是活期、定期还是通知存款，写多少就会实际支付给你多少。而银行理财产品在产品说明书上写的"X%回报率"，往往是目标收益率。它大概率会根据这个收益率在产品到期时支付给你相应的收益，但不是百分之百保证的，确实存在无法实现的可能性。

前2个核心因素往往与收益率是负相关的关系。比如，能保证本金安全的产品，收益率一定高不了；同样地，流动性好的理财产品，收益率也不会特别高。

明白了这个道理，我们就可以根据不同的需求，为不同的"钱"做出不同的安排。比如，用作"日常开支"的资金，可以放在流动性非常好的现金管理类理财产品中，但比例不用高，因为这种产品回报率低，占比过高，会拉低我们整体资产的收益率。

留给"日常开支"的钱不够怎么办？别忘了，你还有张信用卡。前文介绍过，信用卡通常有50天左右的账期，等下个月发工资就可以足额还款了。

用作"不时之需"的钱，第一是要尽可能地保证本金安全，第二是流动性也不能太差。这样可以尝试投资一些固定收益类的产品。此类产品通常投资周期越长，回报越高，3—6个月是不错的选择。

无论你的目标是"跑赢通货膨胀"，还是像巴菲特一样，靠储蓄存款以及理财产品都是不够的，你还得学会投资。

你的钱包你做主
比例分配你决定

?% ?% ?%

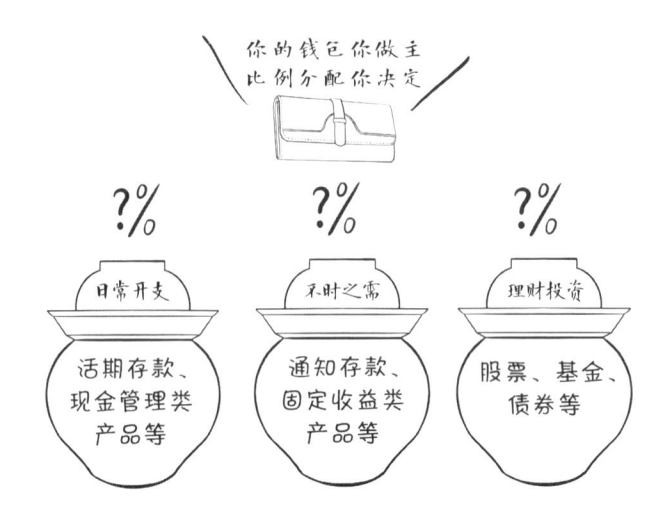

日常开支 — 活期存款、现金管理类产品等

不时之需 — 通知存款、固定收益类产品等

理财投资 — 股票、基金、债券等

投资带给你的刺激，在很大程度上比坐过山车更甚。在游乐场坐过山车之前，我们要确保自己没有高血压、心脏病、恐高症等，要去掉身上的尖利物品，更要系好安全带。这些准备工作，是为了确定我们的风险承受能力，并且尽可能地减少风险。

所以，在进入下一章的学习之前，请你先认真填写这份"风险承受能力评估问卷"吧。

《风险承受能力评估问卷》范例

1. 您的年龄：

　　A. 29 岁及以下；

　　B. 30—40 岁；

　　C. 41—50 岁；

　　D. 51—60 岁；

第五章 把钱花掉，还是让它生钱

E. 61 岁及以上。

2. 您的家庭负担：

   A. 单身或刚结婚，没有子女，父母尚年轻，无须赡养；

   B. 简单的三口之家，父母刚退休不久，有固定收入；

   C. 简单家庭，有一定家庭负担；

   D. 子女尚小，父母需要赡养，家庭负担较重；

   E. 家庭负担重，例如家中有病人等。

3. 您认为您将来的收入来源（包括薪水等）会怎么变动：

   A. 非常稳定，不出意外，每年增长10%不成问题；

   B. 稳定，相信每年略有增长；

   C. 还算稳定，增长就不敢奢望了；

   D. 不稳定。

4. 如果可以选择，您希望您的收入如何构成：

   A. 全部是固定薪水；

   B. 大部分固定，20%和业绩挂钩；

   C. 固定薪水和业绩收入各占一半；

   D. 大部分与业绩挂钩；

   E. 全部与业绩挂钩。

5. 当您做出一个较大的投资决定后（比如交了商品房的订金、一次性买了较多基金等），您通常的感受是：

   A. 忧心忡忡，非常后悔；

   B. 有点担心，如果可以反悔，希望能再考虑几天；

   C. 还行，没有什么特别的；

D. 轻松，觉得收益应该不错；

E. 很高兴，对未来收益很乐观。

6. 您刚刚接到获得一笔奖金的通知，但奖金的形式可由您自定。您希望是哪一种：

    A. 3 000 元现金；

    B. 您有 50% 的概率赢得 8 000 元，另外 50% 的概率什么也没有；

    C. 您有 20% 的概率赢得 20 000 元，另外 80% 的概率什么也没有。

7. 您刚将您的一大笔钱进行投资，预期能涨 50%，结果不到半个月价格下跌了 15%。假设这项投资的基本面没有发生改变，您会怎么做：

    A. 加码继续买入，相信长期投资会带来丰厚的收益；

    B. 不特别担心，继续持有，观望；

    C. 暂时的亏损让您感觉不太舒服，暂时持有，密切关注；

    D. 卖出，以后再也不涉足这个领域了。

8. 一般来说，投资的预期收益越高，风险也越高。假设您手头有 10 万元可用于投资，5 年后本金收益总和可能会产生如下 4 种结果，您能接受的是哪种：

    A. 最差 0 元，最好 30 万元；

    B. 最差 4 万元，最好 25 万元；

    C. 最差 6 万元，最好 20 万元；

    D. 最差 10 万元，最好 12 万元。

第五章 把钱花掉，还是让它生钱

9. 您面前有一个不错的投资机会，但投资门槛比较高，需要借钱来投资，您会怎么做：

    A. 绝不借钱；

    B. 可能会借，要回家商量一下；

    C. 一定会借。

10. 对于投资期限，您一般有什么要求：

    A. 不太在意投资期限，希望能有相匹配的长期收益；

    B. 1—3年为投资收益最长期限；

    C. 1年为投资收益最长期限；

    D. 最好半年内能产生收益。

11. 如果让您周围的朋友来评价您的话，您觉得他们会选择哪一种评语：

    A. 经常尝试新鲜事物；

    B. 偶尔尝试新鲜事物；

    C. 接受新鲜事物比较慢。

第六章
人生的第一堂投资课

第六章　人生的第一堂投资课

在创作这本书的过程中，我陆续访问了许多青少年，其中有一个问题让我印象深刻，就是关于未来的职业理想。不同于 30 年前的我们，这一代青少年，大多有着更为务实，也更贴近经济社会的职业理想。

我的小学毕业纪念册里"未来理想"一栏中，很多同学都写着"宇航员""科学家""诗人""画家"之类的职业，当然也有个别同学受流行文化的影响，把成为"歌星""电影明星"作为人生的奋斗目标。

改革开放 40 多年来，我国经济飞速发展，人们关于金钱的很多认识和观念也在发生变化，这些变化影响了每个人的生活，当然也包括职业选择。

当我看到这一代青少年中很多人的职业理想是"金融家""企业家"时，我清晰地看到时代变化的轨迹。你们向往着未来能在商业社会中叱咤风云，可是，很少有人教你们如何去做。纵然有着这些职业理想，也有人分不清金融家和企业家，也说不清公司和股票有什么联系。并且，身处当今社会，即便你的职业理想和商业、金融无关，想要拥有更多选择的自由，投资也是必须要掌握的一项技能。

下金蛋的鸡：什么是投资

这个问题其实可以从很多不同的维度来解释。

我们将时间、精力，甚至情感，投入到某件事情上，算不算投资呢？从人生的角度而言，当然算。无论你是坚持学习一样乐器，还是认真地照护一只宠物，它们都会在未来以某种形式回报你，比如快乐和陪伴。但是，这些都不是财务角度的"投资"。

通常来说，财务角度的投资是指通过理性分析，将资金投入那些预期有所增长的标的，以求未来得到收益。

这本书里讲的投资，一定要有金钱作为基础，但只有金钱的参与还不够。你花钱买东西，很可能并不是投资，只能算消费。要把钱投在那些价值预期有所增长的东西上，也就是我们通常所说的"标的（dì）"，并期待未来可以从中获得收益。同样，这种收益不能是精神或情感方面的，它必须以金钱为表现形式。

投资的形式非常多，根据不同的标准，得出的定义也不相同。为了方便大家理解，在本节里，我们根据投资对象的不同，把投资分为实物投资和金融投资。

第六章　人生的第一堂投资课

实物投资

实物投资，顾名思义，就是把钱投在实实在在、看得见摸得着的东西上。比如，你买了一套房子、一块地，或者一根金条，这些都属于实物投资。

北京、上海、深圳这样的一线城市的住宅均价，在过去 10 年几乎翻倍。如果 10 年前买房的人现在出售房产，他们将获得一笔不菲的投资收益。当然，卖房子可不像第五章讲过的赎回理财产品那么容易。比如，你得把房屋信息挂在二手房交易的网站上，委托房屋中介帮你寻找潜在买家，有意向的买家出现后，双方还要谈判、签协议、去房地产交易中心办理过户等。通常，完成交易需要两三个月的时间。

这就是实物投资的一个缺点——流动性较差。

那么，投资金条怎么样？或许你在电影里看过这样的情节：兵荒马乱的年代，主人公把金条小心翼翼地缝在棉袄里，带着一家老小坐船逃难。金条的好处不言而喻：第一，相对来说可以保值，不会出现同样的数额今天能买一头牛，明天只能买一瓶醋的情况。第二，流通较广，无论是在中国，还是其他国家，金条的价值大家都认可。不像货币，出了国境很可能就无法使用了。第三，易于携带，揣口袋里、缝棉被里都行，遇到着急的事儿要离开，投资的房产带不走，金条却可以随身携带。

当然，金条也有许多弊端。比如你肚子饿得不行，想买个汉堡，可身上只有一根金条，怎么办呢？总不能拿小刀刮点金屑下来吧。除此之外，虽然世界各地对于金条的价值普遍认可，但是具体怎么兑换、以什么价格兑换，有许多规则，这中间会产生不少费用，你要做好损失一些利益的思想准备。因此，我认为，金条可以作为一种避险手段，但并不是很好的投资品。

实物投资在生活中并不少见，通常很直观，也很好理解。但要小心，有些实物投资和消费容易混淆。比如，购买奢侈品是否是一种投资？

还是要说回我们公司那个排队买奢侈品包的女生。有一次，她特别认真地跟我说："其实买奢侈品不纯粹是消费，也是一种投资。"她指了指我放在沙发上的包，又说道："就拿您这款包来说，它现在的价格与您3年前买它的时候相比，涨了不止30%，这3年您还背它了，还享受了，两头赚啊！"

听起来很有道理，我于是说："好啊，那这样，以现在的价格便宜5 000元我把它卖给你，如何？"

女生的表情从不可置信到若有所思，她掏出手机匆忙地翻看着，最后胸有成竹地对我说："这个价格太高了。我说的现在的价格，那是去专柜买新的。像您这个包，用了这么久，而且您也不怎么爱惜，好多折痕。我刚才在朋友圈里问了问中古店的人，它最多也就值现在市场价的一半。中古店您知道吧，就是专门买卖二手奢侈品的店。"

"不对啊，"我反问她，"按现在能卖出的价格，不算通货膨胀，这个交易我光本金就亏了近1/3。你刚才还说，购买奢侈品是很好的投资，该不会是在坑我吧？"

第六章　人生的第一堂投资课

"不是我坑您，"她使劲摆手说道，"市场上真的就是这个价！不信，您也可以找您认识的收二手包的人问问。"

看她百口莫辩的样子，我笑起来，说道："别紧张，开玩笑的。不过你刚才倒是提供了很多有意义的信息。我们说投资，是要将资金投在价值预期有所增长，以求未来能为我们带来收益的标的上。首先，奢侈品年年都涨价，但并不是你手中所拥有的那一个包在涨价，它和车一样，无论价格有多高，也无论你是否使用以及保养得好坏，一旦买入就开始贬值。这是典型的消费品特征，而不是投资品特征。其次，二手奢侈品的交易不透明，估价不稳定，中古店挂出的价格只是指导价，最终的成交价除了当事人以外没人知道。二手奢侈品的潜在买家有限，这种交易的流动性并不高。在这一点上二手奢侈品还不如二手车，因为二手车交易市场已经相对规范了。最后，我们来谈谈本质问题，奢侈品的直接生产成本通常只占它昂贵售价的10%左右。每年，大品牌请明星代言，在商场里、杂志上、各种媒体中投放炫目的广告，甚至在全球举办时尚秀，这些都要花钱。巨额的营销成本和奢侈品牌普遍高昂的利润，其实都是由消费者买单。为了支撑这一切，商家一定会讲出一万个故事，告诉你这个东西如何好，甚至把它说成一种投资。我不反对购买奢侈品，但第一，这得是在你的消费承受力之内；第二，你得知道自己在干什么，别省吃俭用给人家上市公司的利润表做贡献，还觉得自己赚了钱。"

如果你非常喜欢某个奢侈品，很想将其作为自己努力工作、认真生活的奖励，这没什么，但你要明白：这是消费，不是投资。

金融投资

金融投资也被称为"证券投资",是指投资者用资金买卖股票、债券、基金等有价证券以及这些有价证券的衍生品,以获取收益的投资行为。

大家经常在媒体中听到的"股票""债券""基金"等名词,这些都属于金融投资的范畴。不同于实物投资,金融投资的投资标的往往没有一个具体的、看得见、摸得着的形态,然而,金融投资却是投资领域中最重要的部分。

除了股票、基金、债券这3种最为常见的金融投资工具,黄金、期货、外汇、权证等也都是金融投资的常见工具。注意,这里的黄金并不是前文提到的买卖金条、金币等实物,而是指银行发行的"纸黄金"或"黄金期货"等产品。

纸黄金

肖苒对金融投资有着浓厚的兴趣,跃跃欲试地想要尝试。他先看了看A股市场情况,3 000多只股票让他眼花缭乱,更别说K线图、公司年报等,完全看不懂,实在不知该如何选择。他又看了看债券,动辄几个月甚至几年的投资期,目标收益率也比较固定,好像不够刺激。选来选去,肖苒在某家银行的网页上看到了"贵金属"一栏,原来在网上就能买卖黄金白银!他一连几天趴在电脑前关注着黄金价格的变化,金价从每克390元开始涨涨跌跌,终于有一天到了每克380元,肖苒兴奋不已,觉得投资的时机已到,他把这些年积攒的压岁钱集中在一起,在网上购买了 10 克黄金,几天后,金价从每克 380 元涨到了每克 395 元,肖苒连忙在网上操作卖出,一下子就挣到了 150 元(不考虑手续费),好开心。虽然肖苒始终也没有见过这 10 克黄金的真面目,也只是在名义上做了几天它的主人,但这并不耽误他投资黄金,并从中获利。

从肖苒的故事可以看出,买卖纸黄金,其实就是黄金的账面交易,不需要实际交割黄金实物。这样做,可以节省许多费用。如果肖苒真去市场上买 10 克黄金,3 800 元肯定是不够的,他还需要支付称重费、运输费,假如这 10 克黄金他搁在家里不放心,想要存在银行的保险柜,还要支付保管费。如果遇到的卖家诚信度不高,给他的黄金纯度不够高,质量不够好,那他又要凭空损失一笔钱。所以说,买卖纸黄金——一种虚拟交易黄金的模式,可以免去许多的麻烦和费用,降低交易成本。

通过比较买卖"纸黄金"和"实物黄金",我们不难发现:金融投资比实物投资交易起来更便捷,成本也更低。这几乎是所有金融投资的共同特征。

期货

说完了黄金,让我们来聊聊期货。我刚从事投资那几年,最不敢涉及的投资种类就是期货,因为它自带杠杆。但其实自带杠杆并没有想象中那么可怕,任何一种投资都是获取收益的工具,可怕的不是工具本身,而是我们的欲望和贪念。

期货的英文是"Futures"，听起来是不是很美好？关于未来，此刻的你一定有很多期许，最早发明期货的人，想来也是对未来抱有许多期待。最早的期货，其实就源自远期合约（Forward）。让我们回到四方村，看看期货是如何产生的。

四方村西街的豆腐店开了很多年，老板娘西施每个月都要从郊区农户张老汉那里购买许多黄豆。平常日子里，黄豆价格都很稳定，每斤10贝币，但就怕遇到灾年和战争。这一年夏天一直下雨，西施去进货时听到张老汉叹道："雨这么下下去，今年的收成怕是不好。"她眼珠滴溜儿一转，秋天时，倘若黄豆减产，别说10贝币了，怕是14贝币也难买一斤。于是，她对张老汉说："老汉，咱们合作这么多年了，不如这样，两个月后，也就是9月我还来你这儿收黄豆，每斤12贝币，我收1 000斤。"张老汉想想，他家的黄豆其实每年都卖不完，西施老板娘是自己最大的客户，她竟然愿意主动抬价，锁定未来的黄豆，不失为一笔划算的买卖啊。两人一拍即合，就此约定。

西施不放心，拉着张老汉到西街行政长官李三娘那儿，让她做个见证人。李三娘听完他们的讲述，说："我做见证人没问题，但口说无凭，你们两人立个合约，每人交10%的定金，也就是120贝币给我，倘若有人到时反悔，这120贝币，就归对方所有。"

豆腐西施购买了张老汉两个月后的黄豆，这就是期货交易中的建仓，他们签订的合约，就是远期合约。故事发展到这一步，你一定也很好奇,两个月后黄豆价格到底是涨了还是跌了?如果届时市场上的黄豆价格超过每斤12贝币,根据合约,他们还得按每斤12贝币的价格交易,那就是豆腐西施赚了;如果届时黄豆价格不到每斤12贝币,那就是张老汉赚了。这就是金融领域常说的"零和博弈",或者叫"零和游戏"。有人赚钱,就一定有人亏钱,张老汉亏了多少钱,豆腐西施就赚了多少钱,这个金额的总量是一致的,不会多也不会少,更不会跑到李三娘的口袋里。

果然,因为夏天的几场暴雨,到了秋收季节黄豆减产严重,市场上供不应求,价格一下飙升到每斤13贝币。豆腐西施为自己的聪明果决扬扬得意,她赶着驴车上路了,准备去郊区张老汉家拉那1 000斤黄豆。路上,豆腐西施看到很多人都神色匆匆地往郊区赶,她拦住一个人询问,那人说:"你不知道吧,今年南街和东街遭了虫害,黄豆颗粒无收,很多人都来西街收黄豆,现在黄豆已经涨到每斤15贝币了。"豆腐西施一琢磨:倘若自己以每斤14贝币的价格把原属于她的黄豆期货卖给这个人,对方一定愿意收。这样,自己相当于只用了120贝币(定金),就锁定了(14−12)×1 000 = 2 000贝币的收益,这比卖豆腐挣辛苦钱可快多了!如果是现货交易,想要赚这2 000贝币,没有12 000贝币的本金,那可是门儿都没有。以前怎么没发现,世上还有这么赚钱的买卖呢!豆腐西施二话没说,卖了自己的黄豆期货合约,赶着驴车直奔李三娘家,她想到了一个新点子。

在这个交易中，豆腐西施一直拿着这份黄豆期货合约等到了秋收，这就叫"持仓"；如果她拿着合约去找张老汉提黄豆，就叫"交割"；但是她没有，她把黄豆期货合约卖给了路人甲，这就叫"平仓"。这部分内容里藏着一个很大的秘密，就是传说中的"杠杆"。豆腐西施发现自己仅用了120贝币的本金，就锁定了2 000贝币的收益，这个神奇的杠杆竟然有放大的功效！豆腐西施按捺不住自己的兴奋，却没有意识到，杠杆的放大作用在亏损时也同样适用。

豆腐西施赶到李三娘家，把她方才这一番操作告诉了李三娘，信心满满地说："三娘，从今以后我再也不卖豆腐了，那钱挣起来太辛苦，我决定做一个卖期货的，不对不对，一个金融家，总之从此以后，我就要用期货挣钱。"李三娘看着兴奋的豆腐西施说："随便你，这和我有什么关系？"豆腐西施又说道："当然有了！你没发现有这种需求的人很多吗？大家都需要有人来做见证人。你把西街广场上那个唱社戏的大厅改一改，建一个期货交易中心，从每笔交易里收点手续费，只赚不亏啊。"有道理！李三娘眼睛也亮起来，随即说道："太好了，你又帮我找到一条生财之道。"

17世纪，"郁金香期货交易"在荷兰非常火爆，于是，全世界最早的期货市场也应运而生了。在东方，最早的期货市场诞生在江户幕府时代的日本，比荷兰晚了半个世纪。由于当时的稻米价格对经济和军事活动的影响很大，米商会根据稻米的生产以及市场对稻米的期待决定库存米的买卖，日本各地贸易商会去大阪堂岛米相场会所预付定金，待下一次稻米成熟时兑现，这就是日本最早的期货市场。

现代金融意义上的期货交易和远期合约最大的不同，那就是远期合约是非标准化的，而期货交易的合约是标准化的。非标准化的东西不易推广，也不易交易。比如豆腐西施用每斤12贝币的价格买了1 000斤黄豆，约定9月提货，正巧，她遇到的那个路人甲也需要1 000斤黄豆，也是要9月提货，他们之间的交易才得以达成。倘若路人乙要500斤黄豆，10月提货，他们的交易就无法达成。如果豆腐西施在跟张老汉买黄豆时，把这个合约的内容略做调整，变成：以每斤12贝币的价格买10手黄豆，每手100斤，交割时间为2—4个月，交割地点为张老汉家。这份期货合约的适用范围就广了很多，那个需要500斤黄豆、10月提货的路人乙也能够参与这个交易，流通范围就更广了。

我国的期货交易发展较晚，一直到20世纪90年代才开始正式起步，先后建立了郑州商品交易所、上海期货交易所、大连商品交易所、中国金融期货交易所、上海国际能源交易中心5家期货交易中心。

在世界范围内，随着近百年的发展，期货交易也从最初贸易商之间规避风险的策略，变成了一种可以广泛参与的投资方式。

自从豆腐西施在黄豆交易中赚到了钱，她索性关了豆腐店，四处寻觅可以复制的期货交易。有一天，她在西街的饭馆听到两个人聊天，说东街有人发明了一种车，跑得比马车快且持久，不用吃饭，喂它石油就行。豆腐西施眼睛一亮，如此说来，四方村将来的石油价格一定会暴涨。她饭都没来得及吃完，擦了把嘴就冲到李三娘开的期货交易中心，一咬牙买了1 000公斤也就是1 000手石油，3个月之内交割。根据当时的价格，1手石油50贝币，1 000手总计50 000贝币。豆腐西施把积攒多年的积蓄都拿了出来，交了10%的定金，也就是5 000贝币。

交完钱之后，豆腐西施每天都喜滋滋地去期货交易中心，就等着石油价格暴涨好卖出。可没想到，她等了1个月，石油价格不升反降，而且越降越厉害。豆腐西施寝食难安，四处打听，才知道原来四方村外又开采出一片油田，出油量激增，而东街那个发明新车的人实验再度失败，新车量产还遥遥无期。这时市场上的石油已经严重供过于求了。眼看着3个月的交割期就要到了，这时的石油价格已经跌到了1手25贝币，豆腐西施有两种选择：一是完成交割，把1 000公斤石油运回家，除去已经缴纳的5 000贝币定金，她还需要再凑到25×1 000−5 000＝20 000贝币；二是不交割，损失已经缴纳的5 000贝币定金。

20 000贝币够西街一户五口之家宽裕地生活三四年了，豆腐西施根本不可能在这么短时间内借到这么大一笔钱。更何况，该把1 000公斤石油弄到哪里去呢？运费都出不起。她不是行内人，石油该如何储存、如何转卖、价格还会不会跌，她都完全没概念。其实也没什么选择了，豆腐西施只能眼睁睁地看着自己缴纳的定金被强行平仓。她欲哭无泪，恨不得跳河，可人总得活着啊，于是豆腐西施去钱贝贝开的小贷银行借了点钱，置办了磨豆腐的工具，进了点黄豆，此时在西街租铺面开店已经不可能了，她又像10年前一样，推着小车走街串巷卖豆腐了。

豆腐西施的故事告诉我们,做期货投资,不仅要懂金融,还要懂标的所属的行业。不了解行业规律,不关注行业趋势很可能会失败。

当前市场常见的期货交易品种包括,以大众产品如棉花、大豆、石油或以金融资产如股票、债券为标的的标准化可交易合约。你既要懂得与金融相关的知识,也不能忽略标的行业本身的走势和特征。

金融投资中,最常见的就是股票、债券、基金,其实前文已经涉猎了一部分。现在,让我们来仔细说说证券投资世界中的这"三大金刚"。

股票这盘"菜"

你一定常听人说"炒股",那你有没有想过一个问题,为什么他们说"炒"股票，却没人说"蒸"股票，或者"炸"股票呢？所以，股票到底是盘怎样的"菜"呢？

想要弄明白这个问题，我们首先要搞清楚这盘"菜"的食材是什么。没错，股票的食材，就是一个公司的价值。

曾经有位高中生问我："我的理想是成为一名投资银行家（Investment Banker），现在我需要做些什么准备？"我回答他："暑假的时候去你爸的公司实习吧，把各部门的业务都了解下。"男孩特别笃定地摇头："我不是想成为我爸那样的企业家，我对公司一点兴趣都没有，我就想当特别酷的金融家，像你们一样到处飞，看项目、做投资。"我睁大眼睛问他："那你知道我每天飞来飞去看项目，看的到底是什么吗？就是一家一家的公司啊！"

很多人都不清楚：实业是金融的基础，公司是股票的根源。"皮之不存，毛将焉附？"

股票的诞生

世界上第一只股票是 1606 年荷兰东印度公司发行的，成立于 1602 年的东印度公司，创造了许多先例，它是世界上第一家跨国公司、股份有限公司，它从事荷兰与亚洲各国的航海贸易，存续时间近 200 年之久。世界上第一家证券交易所也是由它在阿姆斯特丹创立的。

17 世纪的航海贸易耗资巨大，还面临着海难频发、海盗猖獗、航海船只在新大陆国家被袭击和被处罚等风险。但同时，从事航海贸易的船队一旦归来，收获的利润也非常巨大。这件事不是依靠一个人的力量可以完成的，于是最早的按份额集资的合作形式出现了。东印度公司在每次出海前会向社会公众集资，航程完成后，再将每个人的出资以及该航次所收获的利润按份额交还给出资者。这就是最早的公众"股东"，以及所对应的"分红"。

为了让大家更好地理解股票的产生和运作，我们还是去四方村看看。

豆腐西施重操旧业后，凭借着一流的制造手艺和热情的服务态度，很快又坐上了西街豆腐界的头把交椅。当年，在她落难时曾伸出援手为她贷款的钱贝贝，早就看出她未来可期，不甘心只做她的债权人。这日，钱贝贝约西施喝茶，对她说："我看好你这个人，更看好你这个生意，但卖豆腐，说到底是赚辛苦钱。我听说你以前做过期货，按说也是有金融思维的人，你甘心起早贪黑就赚这么点钱吗？每个月还要拿出好多钱给我还利息。"

豆腐西施叹口气："不甘心是不甘心，可有什么办法呢？卖豆腐跟你们开银行不一样，就是挣个辛苦钱。我做期货是吃过大亏的，沉痛的教训就换来一个真理：人还是要做自己熟悉的买卖，哪怕是小买卖，起码饿不死，金融我是不敢再碰了。"

钱贝贝摆摆手，说道："你误会我了，我不是让你干金融，你说的没错，人一定要做自己熟悉的事儿，你要不卖豆腐我还不看好你呢。我问你，你卖多少豆腐能赚1个贝币？一天最多能卖多少豆腐？"

豆腐西施想了想说：“差不多卖 10 斤豆腐能赚 1 个贝币，一天最多卖 100 斤吧。”

钱贝贝胸有成竹地说：“我来给你算笔账。咱就假设你平均每天卖 80 斤豆腐，一天能赚 8 个贝币，一个月最多赚 240 个贝币，每个月还要拿出许多还我利息。你现在是推着车走街串巷卖豆腐，倘若你想跟以前一样在西街租个铺面卖豆腐，攒房租不知要攒到何年何月。不如这样，我出钱在西街买个商铺给你开豆腐店，不但如此，你借我的钱，连本带利都不用还了。”

豆腐西施警惕地看着他，问道：“你什么意思，为什么要对我这么好？”

钱贝贝哈哈大笑，说道：“你又误会我了，我不是对你有非分之想，我是想跟你合作。我吃过你家的豆腐，品质很好，你家的豆皮、腐竹更是好评如潮。你应该加大生产量，多开发一些产品种类。要做到这些，你得有个固定的店面和工厂，还得雇几个伙计。这些钱都由我来出，我的条件就是，在你的豆腐店里占一半份额，将来无论你的豆腐店做成什么样，咱们都利益共享，风险共担。”

就这样，钱贝贝将"债转股"，并且又追加了一部分投资，成了西施豆腐店的天使投资人。很快，西施豆腐店就在西街开了起来，不仅卖豆腐、豆皮、腐竹，还开发了豆浆、豆包、绿豆糕等许多新品。每天，在店门口排队的乡民络绎不绝，店里的各项产品都供不应求。西施和钱贝贝商量着，觉得开连锁店的时机已到，这当然就需要更多的钱,钱贝贝还会接着投资吗?

钱贝贝去南街、北街、东街考察了一番,发现以"健康饮食、健康生活"为理念的西施豆腐店在当地市场应该也会受欢迎。他算了笔账,每条街至少可以开两家店,但一下新开7家店,要投入不少,他一时也拿不出那么多钱。另外,从专业投资人的角度考虑,他也不想把所有鸡蛋都放在同一个篮子里,万一西施豆腐店扩大规模后,品质无法保障,老百姓不认了呢?

钱贝贝绞尽脑汁,想到一个好主意,他把西施约到茶馆,先把这一路的考察见闻讲给她听,然后算了笔账,如果在四方村一口气多开7家西施豆腐店,每年挣的钱就比她当年做期货还多了。西施听完两眼放光,她已经在西街的豆腐生意里尝到了甜头,催着钱贝贝赶紧再投资。

钱贝贝两手一摊:"我一下子也拿不出这么多钱,再说了,如果我给你投资,肯定还要多占你店里的份额,那对你来说也不是最划算的。不如这样,我们向公众,也就是向西街的老百姓募集资金。"

向公众募资?西施没听明白,托着腮示意钱贝贝接着讲。钱贝贝抿口茶,抽丝剥茧地分析道:"自打咱西施豆腐店在西街开业以来,生意兴隆,口碑传遍十里八乡,老百姓都说,你西施是个能干的女人,不但豆腐做得好,做生意也有一套。我粗算了下,再开7家店,至少还要再投入50 000贝币,对谁也不是小数目。但如果我们对西街的老百姓说,西施豆腐店明年要把生意开遍四方村，现在给乡亲们一个机会共同致富，你说大家会不会有兴趣投资？"

西施有点犹豫，说道："话是这么说，可你一下子都拿不出 50 000 贝币，西街哪个乡民有这般实力？"

"非也，非也。"钱贝贝摆摆手，继续说道，"既然是向公众募资，就不是向某一个人或某几个人募资。咱们西街有十几万老百姓，一人拿出半个贝币，开连锁店的钱都绰绰有余了。将来，等这些店都挣了钱，根据每个乡民的出资再定期给他们分红，大家肯定乐意！"

西施眼睛一亮，说道："说得对啊！可是这么多人，怎么跟他们算账，又怎么交易，我可是一头雾水。"

钱贝贝拍拍胸脯，说道："这不难，假设咱把西施豆腐店分成 10 万份，这次拿出 2 万份给乡亲们认购，每份卖 3 个贝币。如果大家反馈积极，2 万份都卖出去，咱们就能募集到 20 000×3 = 60 000 个贝币，足够开连锁店了。"

"那剩下的 8 万份呢？"西施问。

"剩下的 8 万份还是咱俩一人一半啊！"钱贝贝答道，"等连锁店开起来，赚了钱，咱把利润也分成 10 万份，按照每位乡亲认购的份额给大家分红，我相信以你的能力，不出两年，就能让乡亲们把本钱都赚回去。"

西施豁然开朗，连声称赞："太好了，就这么办！认购了份额的乡亲们，咱给他做张凭证，凭证上写清楚他的姓名、持有的份额，这样方便记录。"

"好好好!"钱贝贝连声附和道,"明天我就去城门口贴募集资金的告示。"

就这样,西施豆腐股份有限公司成功地向公众募集到了所需要的资金。这个行为,按照我们今天的话说,就是首次公开募股(IPO),或者用更通俗的语言来讲,就是"上市"。钱贝贝和西施所说的"份额",就是我们日常生活中所说的"股票";他们在城门口贴的告示,可以简单理解为"招股说明书";他们给买了份额的乡亲们做的凭证,类似于今天股民拿到的纸质"股票凭证"。

西施豆腐股份有限公司是这个项目的发行公司,西施是创始人,在这一轮操作中,钱贝贝同时承担着机构投资人和券商的角色。如果你对投资银行的业务感兴趣,想成为一名超级酷的投资银行家，那钱贝贝就是你的前辈。

"蒸股票"还是"炒股票"

看完了上一节，你有没有发现，股票其实也没有想象中那么复杂、抽象。

股票的本质是有价证券，股份公司为了筹集资金，将它的所有权借由这种有价证券进行分配，认购了份额的就是股东，就有权利以此获得该公司的股利、股息。哪怕你只认购了小小的 1 股，你同样能享有作为股东的权利。

所以什么样的股票是值得买的好股票呢？从根本上来说，发行股票的公司需要是一家好公司，一家能创造价值的公司，像西施豆腐股份有限公司一样好。如果你道听途说买了某只股票，却连那家公司做什么、赢利还是亏损、研发能力如何、未来发展规划等都不清楚，赚钱的概率估计高不了。

接下来的问题是，我们买了某家公司的股票，只有等它分红时才能拿到钱吗？答案当然是否定的。如果是那样，投资者该多被动啊，首先得熬到这家公司赚钱（用专业术语说，就是"赢利"），就算它赢利了，也不见得一定会分红，也许大股东们一商量，决定把利润用来扩大再生产，那这一年又白等了。

所以，四方街的故事还有后续。

西施豆腐股份有限公司，首次公开发行的股票在西街被一抢而

第六章 人生的第一堂投资课

空,乡亲们了解西施,更了解她做的豆腐,对豆腐店的产品品质和未来发展非常有信心。果然,西施不负众望,迅速在四方村开起了连锁店,不到两年,"吃豆腐只吃西施的"这句广告语就传遍了整个四方村。当年认购了西施豆腐店股票的乡亲们,已经领到了两次分红,其中就包括不卖牛肉退休在家的王大爷。

当年,他拿出自己的私房钱,花 300 贝币认购了 100 股。一年之后,西施豆腐店宣布分红,每股派 1 贝币,王大爷收回了 100 贝币。又过了半年,西施豆腐店又宣布分红,每股派 2 贝币,至此,王大爷原本投入的 300 贝币本金全部收回。以后再分红,就是纯赚了。他开心得不得了,每天溜达着去西街的西施豆腐旗舰店买豆腐,以实际行动支持自家企业。

最近几天,他发现西街来了许多南街、北街、东街的人,这些人盘踞在西施豆腐旗舰店周围,逢人便问:"亲,你手里可有西施豆腐股份有限公司的股票?"问到王大爷时,他得意地点点头,说道:"我手里有 100 股呢!"话音刚落,呼啦一下围上来一群人,七嘴八舌地说:"大爷,您手里拿那么多股票干吗啊,卖给我们一点儿吧!""卖?"王大爷一愣,问道:"你们打算出多少钱啊?"人群中有的喊 1 贝币,有的喊 2 贝币,一时乱作一团。

这事儿引起了王大爷的重视,他摸着胡子在家想了两天,决定去找西街的行政长官李三娘聊聊。

王大爷先把这几日的见闻说给李三娘听,紧接着他压低声音说道:"我觉得这事儿值得做,咱们西街很多老百姓手里都有西施豆腐店的股票,过去两年,大家的本钱差不多都收回来了,我四下打听着,还真有不少人想卖。可是一来,大家不知该怎么卖,怕手续办不清楚将来有纠纷;二来,到底多少钱卖,卖给谁才合适,乡亲们心里也没数,总担心有人出更高的价格,自己卖亏了。我觉得是时候办一个股票交易所了,跟之前你办的那个期货交易中心一个道理,大家可以在这个交易所里公开交易,自由买卖股票,也不用担心所有权变更不清晰,或者价格不透明之类的问题。相应地,股票交易所也可以在每笔交易中收取一定的费用,大家交易越频繁,交易所收到的钱就越多。"

李三娘非常认可王大爷的提议,很快,西街证券交易所成立了,西施豆腐股份有限公司成了交易所里第一只挂牌的股票,代码"TF001"。四方村的老百姓都来这里买卖股票,没过几年,陆续又有许多像西施豆腐股份有限公司一样的优质企业在西街证券交易所上市,其中还不乏一些来自南街、北街、东街的企业。

随着越来越多的优质企业在西街证券交易所上市,越来越多的投资者,或者说股民,也随之被吸引而来。西街证券交易所的规模逐渐扩大,交易愈发频繁,在很大程度上推动了西街金融业的发展。王大爷手中的 100 股西施豆腐店的股票,已经涨到了 10 贝币每股,不算分红的收益,单单股票价格就涨了 10 倍。王大爷心花怒放,每每看到西施豆腐旗舰店门口络绎不绝的人,心里就无比踏实,他把股票牢牢攥在手里,多少钱都不卖。

最早在西街开发了信用卡业务的赵二狗,此时已经是"金融小亨",早就财务自由了。当年,他抱着"有钱到处押"的心态也买了 100 股西施豆腐店的原始股票。不同于王大爷,赵二狗可没那么

第六章 人生的第一堂投资课

有耐心，每股TF001股票从1贝币涨到3贝币时，他就卖了50股，不算分红收益，挣了100贝币。没过几天，西街上有传言，西施豆腐店用的黄豆是转基因的，TF001的股价一下跌到了2贝币每股，赵二狗没犹豫，花400贝币又买了200股。又过几日，豆腐西施开了新闻发布会，邀请投资者和媒体参观她的黄豆供应商工厂，以及全部生产流程，谣言不攻自破。很快，TF001的股价就涨到了6贝币每股，赵二狗连忙将其持有的总计250股股票，抛售了150股，又挣到了630贝币。公式如下（这只是概算，忽略了交易成本、分红、平均价格等问题）：

赵二狗第一次抛售50股TF001的收益为：50×3－50×1＝100贝币。

第二次抛售150股TF001的收益为：150×6－（50×1＋200×2）／250×150＝630贝币。

赵二狗在两次股票交易中的总收益为：100＋630＝730贝币。

此时的赵二狗已经在TF001这只股票上挣到了730贝币，而他手中还持有100股股票。某日，赵二狗在茶馆遇到王大爷，聊起这只股票难免有些得意。王大爷不为所动，他摸着胡子说："那是你运气好，倘若你算错了时机，买在高点，卖在低点，这会儿就笑不出来了。我和你不一样，我是看好西施豆腐股份有限公司这家企业，认可它的价值，所以我会长期持有这只股票，只要它价格下跌，我就再买点，总之时间越长，价值越高。"

赵二狗不服，笑着反驳道："大爷，我也不是纯粹靠运气，我也有我的分析，咱俩只是策略不同，您是'价值投资'，我是'趋势投资',都有可能赚钱,也都有可能亏钱。"王大爷也呵呵笑着说道:"你说的对,这就像是做菜,你时而买时而卖,像炒菜一样'炒股票';我只买不卖,像蒸馒头一样'蒸股票'。炒菜的火候掌握不好,菜有可能炒糊;蒸馒头的火候掌握不好,馒头也有可能蒸不熟。"

通过赵二狗和王大爷的对话,大家不难看出,股票买卖有很多策略可以遵循,但并没有哪种策略能保证你稳赚不亏。与此同时,无论采取哪种策略,首先都要认真研究投资标的,盲目跟风是没有出路的。另外,就像前文介绍"资产配置"时讲过的,一定要选择适合自己的策略。如果你本职工作繁忙,没时间经常关注股票涨跌,那趋势投资可能不适合你;如果你资金比较紧张,没有"闲钱"可以用来长期投资某只股票,那价值投资可能就与你无缘。

总之,股票这盘菜,可甜可咸,说起来简单,做起来不容易。就像大家每天都做饭,用的食材和调料都差不多,可真能拥有米其林大厨水准的人并不多。毕竟,股票是高风险的投资品,需要较强的风险承受能力，而选股和操盘的能力更不是一两天可以练成的。

有些同学可能会说："看了这一节，我觉得自己实在没有炒股的本事，可我也不想错过股票市场的赚钱机会，那怎么办呢？"

不难，你知道有个东西叫"基金"吗？它就是专为这样的朋友准备的。

"小白"专供——基金

股票投资的风险较高，对专业性的要求也不低。

要判断一家上市公司是否有价值，你至少应该看得懂它的年度报告，就是通常所说的"年报"。年报里包括这家公司的简介、过去一年的会计数据和业务数据、股东变革情况、董事会报告、一些重大事项，当然，还包括公司的财务报表、审计报告等。没有一定的法律和财务基础知识，看懂这些并不容易。

同时，要了解一家上市公司，还需要理解一些特殊的指标，如总市值、每股收益、总资产收益率、净资产收益率、市盈率、市净率、每股净资产等。这些看起来很炫酷的词，如果没有一定的金融知识，理解起来都很难，更别说形成自己的判断了。

不用担心，有这种困惑的人绝对不止你一个，股票市场也不是只为专业人士开放的。无论你是太忙无暇顾及，还是知识欠缺没有能力顾及，或者是出于资产配置的考虑，基金都能在很大程度上满足你的需求。

自打运作了西街证券交易所第一股——西施豆腐股份有限公司成功上市，钱贝贝不但身价飙升，更是名声大噪。随着交易所上市的股票越来越多，每天来找他取经的乡亲们都快把他家的门槛踏破了。这日，西街开裁缝铺的张婆婆找上门来。过去几年，裁缝铺的生意特别红火，张婆婆攒了好几坛子贝币，藏在后院不知该做些什么投资。西街证券交易所就开在裁缝铺对面，她坐在店门口观察数月，发现这似乎是个赚钱的买卖。可是，交易所门口那块大黑板上密密麻麻地写满了英文字母和数字，她实在看不明白，于是决定去请教西街"股神"钱贝贝。

钱贝贝给张婆婆倒了杯茶，不厌其烦地第 N 次讲起了证券交易那些指标和数据都代表什么。听到一连串拗口的专业名词，原本一脸认真的张婆婆瞬间变得一筹莫展。她不好意思地打断钱贝贝："钱老板，你说的这些我都听不懂，我倒是想到个法子，不如我把钱交给你，你来帮我买股票，你说买哪个就买哪个，我绝无二话，亏了算我的，赚了咱俩对半分。"

钱贝贝喝口茶，若有所思地说："婆婆啊，你不是第一个说这话的人了，很多人都有过类似的提议，我最近也确实在琢磨此事，只是以前没干过，还真没想好该不该干。"

张婆婆两手一摊："万事都有第一次。西施豆腐股份有限公司的股票都是你一手推出的，你还怕什么？咱们乡里乡亲这么多年，你的人品和能力大家都信得过。你就干起来吧，这是好事儿呢！"

钱贝贝点点头说："行，你要真有兴趣，咱就干起来。提前说好，亏了算你的，赚了我不要你一半，我只要两成，剩下的八成都归你。但我有几个要求。"

张婆婆一听钱贝贝只要两成收益，眼睛都笑弯了，一个劲儿地点头答道："答应，答应，什么要求我都答应！"

钱贝贝不慌不忙地说："第一，既然相信我，这钱给了我，我买哪只股票卖哪只股票，都由我说了算，你不能管；第二，我说3年后给你结算，差一天，你都不能提前来问我要钱；第三，无论赚钱亏钱，我每年要从你投资的钱里抽2%用作日常开支，你知道研究股票、制定策略、去公司考察，都要花费时间、精力和财力，这些钱不能让我自己出。这3条你要是能同意，咱们就干。"

钱贝贝已经是四方村首富了，他肯带着乡亲们一起赚钱，别说3条，30条也干啊！张婆婆二话不说，和钱贝贝立了字据。就这样，钱贝贝收了张婆婆1万贝币，准备代她去炒股。没想到消息不胫而走，西街许多有钱人都主动找上门来，让钱贝贝带他们一起干。一只羊是放，一群羊也是放。很快，钱贝贝的第一只基金就正式成立了，总共募集到20万贝币，也算一笔不小的钱。

因此，基金的本质，是一种委托代理关系。钱贝贝接受张婆婆等人的委托，代他们去买卖股票，以期赚取利润。在这种合作模式下，钱贝贝付出自己的专业知识、时间、精力，通常被称作普通合伙人或者投资管理人（General Partner，GP）；张婆婆等人出资，被称作有限合伙人或者投资人（Limited Partner，LP）。这就是基金最常见的有限合伙模式。

基金的分类

根据不同维度的标准，基金可以被划分成很多不同的类型。比如，根据募集方式是否公开，可以分为私募基金和公募基金。倘若钱贝贝去西街城门上贴个告示，说他准备成立一只基金炒股票，任何人有兴趣均可投资，1个贝币起投。也就是说，他在向不特定的公众公开募集资金，这就叫作公募基金。倘若像我们故事里的，钱贝贝只是私下跟张婆婆、王大爷等特定的人沟通募集资金，并没有公开地大肆宣传，这就叫作私募基金。

公募基金比较常见，无论是银行，还是支付宝、券商等 App 上，大家常见到的基金，基本都属于公募基金。

私募基金可不是谁想投资就能投资的，它的门槛通常比公募基金要高得多。并且，各个国家都会通过法律法规对可以投资私募基金的人做出明确要求，符合要求的投资者被称作"合格投资者"。

以我国为例，根据中国证券监督管理委员会（简称为证监会）的相关规定，私募基金的合格投资者是指具备相应风险识别能力和风险承担能力，投资于单只私募基金的金额不低于 100 万元且符合下列标准的单位和个人：净资产不低于 1 000 万元的单位，金融资产不低于 300 万元或者最近 3 年个人年均收入不低于 50 万元的个人。

很多人不理解，为什么要做出这样的限制呢？我拿自己挣的钱去投资，亏了赚了跟政府有什么关系？一个年收入在 50 万元以上的人，如果他拿出 100 万元给钱贝贝代他去投资，即便赔得一分不剩，上两年班就挣出来了，不至于无路可走。可一个终其一生总共就攒了100万元的人，他把这些钱拿给钱贝贝去投资，万一亏得一分不剩，那十有八九会无法继续生活。

资本市场里不是所有投资者都是成熟理性的。如果经常有人因为投资亏本而影响正常生活，政府哪能不管呢？与其那时再管，不如提前干预。所以"合格投资者"的规定，从另一个角度来说也是对普通投资者的保护。这也是为什么我国一再强调"投资者教育"要纳入中小学教育体系。同样地，这也是本书重要的创作初衷之一。

根据投资对象，或者说标的不同，基金又可划分为：货币基金、债券基金、股票基金、混合基金等。

货币基金就是把募集来的资金都投资到货币市场或一些短期金融工具产品。这类基金一般不会亏损但收益也不会高，最大的优势就是流动性好，余额宝就是典型的货币基金。

如果募集的资金都用来买债券，那就是债券基金。

钱贝贝拿了张婆婆等人的钱专门用来炒股，这就是股票基金。

混合基金，顾名思义，就是各类标的都投资一点。

以上这几种投资基金，既可以通过公募的方式募集，也可以通过私募的方式募集。

还有一些比较特殊的投资标的，它们基本上都是通过私募的方式来募集资金。比如母基金、房地产基金、艺术品基金、私募股权基金等。

母基金（Fund of Fund，FOF），专门投资基金的基金。母基金的基金管理人，在基金领域很受欢迎。他们手握大量资金，却并不会投资某个具体的行业或标的，他们更喜欢发掘市场上业绩优秀的基金团队，看准了就把钱投给他们。所以在基金投资论坛上，母基金的代表往往是众星捧月的对象，基金管理人都希望在他们面前留下良好印象，以期募集更多资金。

房地产基金，顾名思义，资金募集后，专门投资于房地产行业。既可能是以股权的方式投资给某个发展潜力巨大的房地产公司，也可能是投资于某个潜在利润丰厚的房地产项目。这种专注于行业的投资，除了要求从业者具备专业的金融法律知识外，还必须对行业有深刻的认知和理解。房地产公司涉及的各种税收、法律法规、地方性政策，各类地产开发项目、持有型项目的关键节点、成本、运营难点，基金投资与退出的交易架构等，从业者都要铭记在心。

艺术品基金，就是专门投资艺术品的基金，有可能是某些艺术品的组合，也有可能是单一艺术品，比如某幅画、某个雕塑。听起来很奢华，但其实规模并不大，相对小众。我国的艺术品基金也是最近10来年才渐渐发展起来的。这个行业的风险很大，从业者大多都在艺术品行业浸润多年，在艺术和金融领域都具有很高的专业性。

私募股权基金，就是我们常说的PE（Private Equity）。这其实是个非常宽泛、内涵和外延都比较模糊的概念。首先，可以明确的是它的资金募集方式是非公开的；其次，通过名称不难看出，它是以投资公司股权为主的。那么，手握大量资金买卖上市公司股权的基金，就像钱贝贝那样代乡亲们去炒股，是私募股权基金的范畴吗？不是，这样的基金叫作"私募证券基金"。所谓私募股权基金，它的投资对象通常是那些还没有上市的公司。那么私募股权基金看重的是哪些呢？从根本上来说，当然还是有价值的好公司。私募股权基金投资的非上市公司，往往是商业模式已经得到了市场验证，发展到相对成熟的阶段，并且已经具备了一定规模的公司。

在这个语境下，和私募股权基金相对应的，是风险投资基金，也就是常说的 VC（Venture Capital）。它的投资对象，也是非上市公司的股权。不过和私募股权基金相比，该类基金投资的是发展阶段更早的公司。

如果说公司股权投资是一场接力赛，那么跑第一棒的就是天使投资人。就像钱贝贝第一次给西施钱的时候，她什么都没有，只有个要重振豆腐业务的想法。大部分的天使投资人都是个人，资金规模也不大，当然，大多数创业公司在初创阶段通常也花不了多少钱。

跑第二棒的，是风险投资基金。这时的公司大概有个小团队，创始人脑海里的业务模式已经大致能看出模样了。就像钱贝贝第二次给西施投资，就属于风险投资。

跑第三棒的，是私募股权基金。此时公司的商业模式已经被市场验证过了，要做的是快速复制、扩大规模、占领市场。这时候就该私募股权基金上场了。私募股权基金投资公司时，往往会要求公司必须在几年之后成功上市。为什么呢？因为私募股权基金往往是有年限的，5 年、10 年之后基金就必须从被投项目里退出，把钱分给它的投资人。私募股权基金的投资规模往往又比较大，仅仅靠公司分红通常是来不及的。一旦被投公司上市，其价值会被放大，而且公众市场的交易量更大，使得私募股权基金退出更为可行。那么谁是最后一棒？当然是上市后的大众投资者。一个好公司也只有在上市之后，普通个人投资者才有参与它成长壮大、蓬勃发展的机会。

在真实世界，私募股权基金的资金规模往往比风险投资基金和天使投资人投入的要大，因为通常它投资的那些公司发展到这个阶段，股权已经不便宜了。而私募股权基金和风险投资基金的投资阶段，其实并没有那么泾渭分明，很难用法律或者财务的标准去清晰界定。并且，很多国际知名的大型投资机构，旗下往往既有风险投资基金，也有私募股权基金。

基金的世界大概就是这样。按照其他不同的标准，基金还可以有很多分类。比如：封闭型基金、开放型基金，契约型基金、公司型基金，主动型基金、被动型基金等。但无论是什么样的基金，叫什么名字，说到底，大家都在做4件事，那就是基金行业从业者时常挂在嘴边的"募投管退"。

"募"，指募集资金；"投"，指找到并投资优质标的；"管"，指通过积极管理，使得被投资标的价值迅速增长；"退"，指成功地从被投资标的中退出，把本金和丰厚的收益分给基金的投资人。

这4个环节少了任何一环，基金都无法维系。

如何选基金

作为投资小白，大家在市场上见到私募基金的投资机会其实相当有限。所以在这一节中，我会着重介绍如何选择公募基金。

打开任何一个买卖基金的App，都会有许多基金产品跃入眼帘，大有"乱花渐欲迷人眼"之势。现在市场上大概有多少只公募基金呢？根据不完全统计，截至2020年5月底，公募基金产品已经突破7 000只。面对这么多让人眼花缭乱的基金，投资小白该如何选择？

了解一只基金，其实并没有那么复杂。虽然你可能还没有选过基金，但你一定参加过学校的各种社团。让我们看看肖苒的经历。

暑假过后，肖苒就是紫微学校高中部的学生了。迎新周时，学校的林荫道上摆出了许多桌子，挂起了许多横幅，原来是各个社团在纳新。时间精力有限，不可能每个社团都参加，肖苒打算先看看各个社团的情况，再做最终选择。

必胜篮球俱乐部

基本信息：2010年成立，现任会长赵钟隐，每周三、周五训练，不定期组织会员现场观看篮球联赛、聚餐等活动。会费500元/年。

业绩表现：成立以来，获得市级中学生篮球联赛冠军 3 次、亚军 5 次、季军 2 次。啦啦队屡次被评选为"最受欢迎篮球宝贝"。

俱乐部档案：以"打造最富生机的校园体育组织"为目标。俱乐部成立以来，会员总计近千人，其中有 3 人获得省市级以上荣誉，并最终保送大学。现有篮球队队员 12 人，啦啦队队员 20 人，球迷会员 50 人。会长及服务团队每年通过民主选举方式换届。曾组织全体会员赴美现场观看 NBA（美国职业篮球联赛）比赛。平均每月组织集体活动一次，每月组织校内比赛一次。

俱乐部规则：交会费后，不得中途退出。活动费用根据实际情况另行收取。如被成功选拔为篮球队或啦啦队队员，训练不得无故缺席。无故缺席两次以上者，将被开除出俱乐部。

肖苒看得饶有兴致，正欲交钱报名，对面桌子的广告展架又吸引了他的目光。

第六章　人生的第一堂投资课

X-style 街舞俱乐部

基本信息：2020 年成立，创始会长陆芷汀。会费 300 元/年，可随时退出。

业绩表现：俱乐部成立以来，已成功孵化出 3 支舞队，其中一支代表学校参加某街舞类综艺节目并取得好成绩。接到各类商演邀请近百次，创收 5 万余元。

俱乐部档案：本市最负盛名的街舞俱乐部。除本校近 300 名会员外，还有外校约 200 名会员，有效促进校际交流。会长陆芷汀自幼习舞，多次荣获国家级、省市级奖项。陆芷汀每周为会员开展免费线上教学一次，俱乐部每周组织训练两次，每月组织街舞比赛一次，评选出月度明星，参加年底的年度大赛。

俱乐部规则：交会费后，可随时退出。入会后 12 个月内退出，不返还会费；12—24 个月退出，返还已缴纳会费的 20%；24 个月以后退出，返还 30%。其余活动费用根据实际情况另行收取。

陆芷汀是这里的女神呀！她组织的俱乐部，还是时下大热的街舞，肯定没错！肖苺双眼发光，立马离开了篮球俱乐部的展台，奔向街舞俱乐部。

选择基金和选择社团，在某种程度上有相似之处。我们在任何地方看到的有关基金的宣传，大致分为以下 4 个方面。

第一，基本信息。通常包括这只基金的名称；主要投资领域：是投资债券、股票，还是都会涉猎；购买基金份额的起购金额是 1 元起，还是 100 元起；风险评级；操盘的基金经理的个人介绍。

第二，业绩表现。在这个部分，你可以看到基金自成立以来的种种表现，如涨跌幅（带%的数字，红色是赚钱，绿色是亏钱）、在同类基金里的排名等。这个部分很重要，如果你看不太懂基金经理的投资策略，也弄不明白诸如"净值""回撤"这些专业名词的含义，你至少应该看明白3件事：它成立了多久；在某个历史区间内（过去1个月、1年，或自成立以来），它是亏还是赚；跟同类基金横向比较，它的表现如何。

第三，基金档案。这个部分跟学生时代的学籍档案差不多，包括各种具体信息：各科考试测验的成绩如何、得过什么奖、受过什么处分。对一只基金而言，它包括基金经理的受教育经历、从业经历，基金的各种公告、投资策略、持仓情况、所投行业，过去有没有分过红等。如果你想把投资作为自己的职业目标，这个部分的每一条信息，你都需要认真关注，假以时日，你也能形成自己的分析和判断。

第四，交易规则。这个部分非常重要，包括买入、卖出、运营基金的规则，以及基金的收费情况。有些基金不是想买就买、想卖就卖的，它有一定的封闭期，就像前文介绍的必胜篮球俱乐部的会员不可以随时退出一样。

经常会出现这样的情况：投资者在购买基金时，没有仔细看交易规则，买了基金没多久，突然要用钱，或者觉得业绩不好，不想继续持有了，这时却发现这只基金不是随时都可以赎回的。除此之外，还经常会有人问，买卖基金为什么要收费？还记得钱贝贝的故事吗？像他这样的基金管理人，组织投资研究团队、租办公室、出差调研被投资公司等,都是要化钱的。通常来说,购买基金的份额越大,买入费率越低;基金持有的时间越长,卖出费率越低。大家可别小瞧这笔费用。以某基金交易 App 中某只基金为例,其费用情况如下表所示。

表 6.1 某基金费用情况

买入金额(元)	买入费率(%)
0—100 万	1.50
100 万—200 万	1.00
200 万—500 万	0.60
>500 万	1 000 元/笔

持有时间(天)	卖出费率(%)
0—7	1.50
8—30	0.75
31—180	0.50
>180	0.00

运作费用类别	费率(%/每年)
管理费	1.50
托管费	0.25
销售服务费	0.00

如果你拿 1 万元购买以上这只基金,持有 20 天赎回,基金收益或亏损忽略不计,本次交易你需要支付的成本有多少?

很简单对不对?选择投资基金,本质上来讲,是把自己的钱交给那些比自己更专业、更有经验的人去打理，你可以不太关注他们的每一笔交易，但至少他拿你的钱去干什么了，你得心里有数。还有一点，绝大多数的基金产品，风险评级都属于中高级，换句话说，你有很大的可能性会损失本金。因此，在购买基金产品之前，你一定要完成风险评级测试，看看自己是否具备这样的风险承受能力。

回到上面的问题，你需要支付：

10 000×1.50%＋10 000×0.75%＋10 000×（1.5%＋0.25%＋0%）/365×20＝234.59 元。

也就是说，如果这笔投资的收益低于 234.59 元，你就亏本了。

外婆的国库券

我从小跟外公外婆长大，外公外婆是典型的知识分子，家里摆满了书，书房里满满三个书架的书，伴我度过了许多个悠长的假期。如今回忆起来，书架上数千本藏书中，从晚清古书到当代名作，竟然没有一本和金融投资相关。

赚钱这件事儿，似乎被许多知识分子所忽视。我有时忍不住想，倘若外公外婆还在世，看到他们最疼爱的孙女所从事的职业不知会做何感想。我大概会得意扬扬地告诉他们：金融世界也有正义，商业社会也有担当。而他们大概会因为我，对这个完全陌生的领域多几分好奇。

时代推开了每一扇曾经闭合的门，冲进每一个曾经安静的角落。

第六章　人生的第一堂投资课

即便像我外公外婆这样对赚钱不太感兴趣的人，也不可避免地和现代金融产物产生联系。我还依稀记得小学二年级寒假的某一天，全家上下为了即将到来的春节进行大扫除。我拿着块小抹布迫不及待地参与劳动，一会儿抹书房的书架，一会儿又去擦外婆的写字台。忙碌了一天，吃晚饭时外婆突然神情严肃地问大家："我书桌上的国库券你们谁看见了？"全家人面面相觑，最终把目光投在了我身上。

时间太久远了，这件事最终如何发展的我已记不清，但因为此事，"国库券"在我脑海中留下了深刻的印象。国库券到底是什么东西？是钱吗？有什么用呢？这个问题伴随着我的整个童年，即便是博览群书的外公外婆，当时也没法用孩子能听懂的语言回答我。

那么，还是让我们去四方村看看吧。

过去几年，西街的经济、科技实力全面提升，吸引了不少来自四方村的人才和投资，它跃跃欲试，想要"称霸天下"。和它相邻的北街有些惴惴不安，怕发达后的西街觊觎自己富饶的矿产与领土资源。北街的科技和经济实力都不能与西街相比，但它在过去几十年里狠抓军事建设，不但拥有四方村最先进的武器弹药，军队建制也不是其他几条街能比的。两条街虎视眈眈地对峙了几个月，终于有一天擦枪走火，引发了局部战争。

战争，说到底要靠经济支持。自打开战以来，西街每个月都会向东街和南街采购大量武器。西街行政长官李三娘这几日眉头不展，眼看"国库"要亏空，绞尽脑汁也想不出筹钱的办法。她把政府顾问王大爷请来喝茶，把苦衷说给他听："越是打仗人心越要齐，这种时候无论如何不能再增加税赋，加重百姓负担。可是，政府除了税收也没有其他生钱的办法。1颗炮弹就是1万贝币，按照现在这种打法，最多再撑半年咱们就没钱买弹药了，你可有什么好建议？"

王大爷捋着胡子低声说："来之前就猜到你是为这事儿找我，这几日我也没睡好，一直在琢磨。打仗前，钱贝贝和西施跟老百姓募资的事儿，你可知道？"

李三娘哪有精力关注那些细节，她皱着眉头问："你说的可是西施豆腐股份有限公司的上市募资？那不都好几年前的事儿了吗？"

"非也，我说的就是年初的事儿。西施豆腐股份有限公司要研发百姓家用的豆浆机，需要一笔钱，可它已经上市了，总不能再上一遍吧。钱贝贝给西施想了个招儿，让她发行了'公司债券'，跟乡亲们借钱，3年以后连本带利还给大家。"

"公司债券？"李三娘若有所思，问道，"跟别人借钱，不都得押点什么吗？他们拿什么做抵押？3年后又拿什么给大家还钱？"

"这就是他们的绝妙之处！"王大爷眯起眼睛，说道，"西施豆腐股份有限公司发债的时候说了，公司这几年业绩优秀，资产升值很快，连年赢利，凡是买了公司股票的人，都分了红，股票价格更是翻了几番，因此，它是一家很有信用的公司。现在公司在市场上值1 000万贝币，这次它只跟大家借100万贝币，无论如何也不至于还不了债。"

"有意思，"三娘弯了弯嘴角，又问道，"老百姓认同它这种说法吗？"

第六章 人生的第一堂投资课

"认,人家债券卖得好着呢!那些在证券交易所门口等着买债券的人,都是端着小板凳,拿着干粮和水,从前一天夜里就开始排队了。"

"这么容易!我明白你的意思了。你是说咱们也可以如法炮制:以西街的信用做担保,跟大家借钱。我还可以跟乡亲们承诺,未来从税收收入里拿出一部分给大家还钱。咱们西街经济发展得这么好,每年能收那么多税,大家完全不用担心还款问题,咱们的信用无论如何都比公司要高。"

"是这个意思。要依我说,因为西街的信用高,'破产违约'的风险非常低,咱们可以把利息定的更低一点。这就是所谓的风险和回报成正比。比如西施豆腐股份有限公司发的债券,年利率是8%,就是借100贝币,一年后还108贝币,咱可以定年利率5%,相信也一定会有人买。"

"好主意!但我还有一事不明。借债就借债,为什么要叫'债券'呢?"

"这个债券啊,其实就是一张纸,跟股票凭证差不多。上面写着哪个公司发的债,什么时候到期,利息多少。而且我听说,因为这债券上不写出借人,所以大家互相之间还可以交易呢!"

"钱贝贝可真是个聪明人,我一定要邀请他也来做政府顾问!就这么定了。咱们发的这个债,可以看作国家跟老百姓借钱,将来也是拿国库里的钱还,就叫'国库券'或者'国债'吧。"

通过西街的故事,我们认识了两种债:公司债和国债。在真实世界，除了这两种以外，还有金融债和地方政府债等。金融债是指金融机构，如银行、信托、保险机构发行的债券；地方政府债是指地方政府为了当地建设发行的债券。一般来讲，这几种债券的收益关系为：公司债>金融债>地方政府债>国债，风险高低也一样。

现在纸质债券凭证已经很少见了，大多数都是电子记账。国债因为风险最低，所以它的利率在几种债券中也是最低的，但国债还有个优势，那就是它的利息收入是免征所得税的。

债权投资相对于股权投资的风险要低，当然收益也更低。请大家永远记住，任何投资的收益和风险都是正相关关系。债权投资还有一个特征，就是它的收益是相对固定的。你无论是买了西施豆腐股份有限公司的公司债，还是买了西街的国债，从购买那一天起，你就能算出债券到期时你能收回多少钱。股权投资就不一样了，它有可能赚也有可能亏，具体赚多少亏多少，没到退出那一天，永远也不会有人知道。所以，债权投资也是非常典型的固定收益类投资。大家可以根据自己的资金情况，综合判断，选出最适合自己的产品。

市场上最为常见的投资品类，基本就为大家介绍完了。我们常听人说，要投资，不要投机。那么，"投资"和"投机"到底有什么区别呢？严格来说，它们之间确实无法用非黑即白的定义去界定。但是，接下来我要讲的几个关键词，或许会让你对投资有更清晰的认识。

第一，分析。当你把钱投向任何标的时，首先要运用自己的知识结构认真理性地去分析。如果是碰运气盲目地去投，就很难算作投资，只能叫投机，甚至是赌博。比如你听某个亲戚说哪只股票好就跟着买，这不是依靠知识结构做出的理性分析，这些行为都属于投机。更别说去赌场赌博，那不仅是撞大运，更多是违法的。

第二，未来。无论我们把钱投向哪里，都是期待未来会有所收获。那么，这个未来到底有多远呢？通常来讲，投资行为持有标的时间更长，投机行为则较短。但这个标准并不绝对，有些投资行为的交易频率也是很高的，持有标的的时间也非常短，如日内交易。

第三，孳（zī）息。这个词对你们来说，可能是头一次见到。还记得上大学时我第一次在民法课上学到这个词，费了不少脑细胞才理解。简单来说，就是某种伴随而生的收益。比如你买了一片果园，在你持有的这些年里，果树每年产生的果实。在日常生活中，能产生孳息的投资也有很多，比如房产投资产生的租金收益。很多投资会产生孳息，而投机往往不会。当然这也不是绝对的，有的投资也不会产生孳息。

关于投资，以下三点还要跟大家再强调一遍。

第一，任何投资都有风险。如果有人向你推荐某个投资产品，说这项投资丝毫没有风险，千万不要相信。我们通常认为，国债是风险最低的投资产品。但一个国家新旧政府交替的过程中，仍存在新政府对于旧政府发放的债券是废除还是继承的争论。更不用说其他类别的债权、股权，甚至是金融衍生品类的投资。

第二，风险和收益正相关。潜在收益越高，它所承受的风险也越大。这句话换个方式说也成立：想要博取更高的收益，就要敢于承担更大的风险。特别想告诉青年朋友们，投资不要一味追求"小确幸"，在投资学中，相对确定的收益，一定高不到哪里去。如果一味追求相对安全确定的回报，你就永远无法通过投资致富。投资是一门学问，既需要学习理论知识，更需要在实践中练习。

第三，做时间的朋友，让时间创造奇迹。爱因斯坦曾经说过：复利是世界第八大奇迹，懂得这个原理的人，将受益于此；不懂的人，将付出代价。复利到底是什么东西？居然能让爱因斯坦发出如此感叹。我们先来看一个公式：

$$FV=PV(1+i)^n$$

其中，FV（Future Value）是指未来的价值；PV（Present Value）是指现在的价值，也就是本金；i（interest）是指在计算周期内的固定利率或固定回报率；n 则是累计的周期。

这个公式对大多数人来说，应该都算不上难。可这就是爱因斯坦所说的世界第八大奇迹——复利——的计算公式。

假设你用 7 000 美元（约 5 万元人民币），投资一个年化收益率 24% 的项目，如果这 24% 以单利计算，你每年可以获得 7 000×24%＝1 680 美元的投资回报。70 年之后，你将收获 1 680×70＝117 600 美元的回报。用 7 000 美元和 70 年时间，赚到将近 12 万美元，听起来好像还行。那么，我们再看看如果这 24% 的年化收益率按照复利计算，会是什么效果。

$$7\,000×(1+0.24)^{70}=294\text{ 亿美元}$$

你有没有惊得合不拢嘴？是的，单利和复利的差别就是这么大。有 12 万美元的人比比皆是，有 294 亿美元的人，全世界也不多，并且这组数字也不是我随便选的。

1950 年，李嘉诚先生用 7 000 美元创办了长江塑胶厂，2020 年，他的身价是 294 亿美元。通过这个例子，我们可以看出复利加时间的威力。

曾经的世界首富、"股神"巴菲特，也是复利的信奉者。他有一句非常有名的话：人生就像滚雪球，最重要的是发现很湿的雪和很长的坡。

"很湿的雪"可以理解为优质的投资品，特别是在股票投资领域，擦亮眼睛，选一家有价值、更有增长潜力的公司，是投资成功的基础。"坡"则是指时间，投资的时间越长，报酬越高，这背后隐藏着的就是复利的威力。因此，选准一个好坡道，就赶紧把雪球扔进去，让它滚动起来，别犹豫。

投资的世界精彩纷呈，在我看来，这大概是世界上有意思的职业之一。作为从业者我每天都在学习新知识，研究新的商业模式以及代表人类未来发展的科学技术。在聆听创始人讲述他们的创业故事时，我的人生也仿佛更加丰盈，而我也更加有智慧。把投资作为职业，能让我们变得更理性、冷静，学会和时间做朋友，也学会抵抗人性中的贪婪。

第七章
保险，保不时之风险

第七章 保险，保不时之风险

比起股票、债券这些名词，保险听起来是不是熟悉很多？它同样是随着社会发展而产生的金融产品。虽然经常听见这个名词，但很多人可能并不十分清楚保险到底是什么。

保险本质上是一种财务安排，用来分摊意外事故所造成的损失，所以说它也是一种抵御风险的方式。那么，如何实现呢？简单来讲，通过缴纳一定的费用，将个体的损失向该个体所在的集体平均转嫁。更通俗一些来讲，就是交钱加入某个团体，一旦事先约定好的某种损害情形发生，就"一人有难，大家分摊"。

保险的理念在世界各地都有非常悠久的历史，大概是因为人类从诞生起就始终面临和自然灾害以及意外侵扰做斗争的风险。一旦这种风险发生，造成的损害常常令个体无力承担。于是，大家想到了这个"将个体损失转嫁给集体"的好办法。

为了更形象地说明保险的起源和发展，我们还是去四方村吧。

西街和北街的战事绵延，严重影响了四方村的经济发展与社会安定。原本欣欣向荣的街市逐渐凋敝，许多老百姓无法维持生计，大家不得已开始探索四方村周围的沙漠地带，希望能找到新活路。几个月后，最先出发的探险家满载而归，原来他们在沙漠的另一端找到了大片城镇，这些城镇以农牧业为主，经济发展水平远不如四方村，那里的人们看到四方村生产的各种精美物品，眼睛都亮了。

就这样，四方村一群有胆有识的青年赶着骆驼队，驮着大量货物，向沙漠腹地进发了，准备去沙漠那头的"新世界"做生意。但沙漠里的自然条件实在太恶劣，商队每次出行都会面临沙暴侵袭、迷路，甚至被盗匪抢劫的风险。队伍里总有人会在风险中丢失货物，甚至丢掉性命。一旦这样的事情发生，商队队员们心情郁闷不说，有时还会发生内讧。比如有人的货物在沙暴中被掩埋，他们气郁难平，就会责怪同行的队友没有及时告诉自己转移货品，一来二去厮打起来，甚至还发生过抢货这样的事儿。

当年发明了阳光币的王小浪，现在已经是商队队长，他担心如此闹下去，会对他们好不容易开发的"沙漠商路"造成冲击。而且，每当看到那些在商旅中丢了性命的同伴的家属一夜之间失去生活来源，他更是于心不忍。转念一想，如果有一天自己遇到这样的事情，家中嗷嗷待哺的幼子该如何生活。他辗转难眠，终于想到一个权宜之计。

第二天，他把商队队员们召集在一起，对大家说："我有个提议，从今往后咱们商队每人每年交100贝币给我，一旦商旅中谁出了事，咱就用这笔钱去分担他的损失。1年100贝币，对大家来说

第七章 保险，保不时之风险

并不多，但咱们商队已经有100多人了，1年10 000多贝币就不是小数目。倘若未来谁在商旅中丢了货物，就从这10 000多贝币里拿出1 000贝币给他，虽然不足以覆盖全部损失，但也可以解一时之难。倘若谁不幸丢了性命，就拿出3 000贝币给他的家人，帮他们暂渡难关。"

王小浪的提议得到了大家的一致称赞，其余一些小型商队听说小浪商队有这样对抗风险的好办法，也纷纷加入。就这样，小浪商队很快就发展到1 000多人，每年光这笔钱就能收到100 000多贝币。

按照现代保险的语言来讲，大家每年交的100贝币就叫"保险费"，故事里的"保险标的"包括财产保险和人身保险两种，一旦

事故发生，所赔偿的1 000贝币或者3 000贝币，被称为"保险金"。注意，保险费和保险金是不一样的概念。

到底要不要买保险

如果你还记得前文关于"五险一金"的内容，此刻会不会突然有所顿悟：这跟社会保险的原理好像差不多啊！没错，商业保险和社会保险的基本逻辑是一样的，都是由群体里的所有人来分担其中个别人的某项损失。那它们之间有什么不同呢？如果已经有"五险一金"，那我们是否还需要购买商业保险呢？

想要解决这些疑问，我们得先来看看商业保险是如何定义的。

商业保险，是指当事人自愿与保险公司签订保险合同，向保险公司支付保险费，保险公司根据合同的约定，当某些情形出现时，向当事人给付保险金。

通过以上描述我们不难看出，社会保险与商业保险有以下区别。

（1）是否自愿：社会保险具有强制性，为员工缴纳社会保险，是每个用人单位应尽的义务。而买不买商业保险、买哪些商业保险，与买衣服、买车一样，纯属自愿。

（2）责任主体不同：商业保险的责任主体是商业保险公司，社会保险则由政府或其授权的机构管理。在我国，社会保险的责任主体就是劳动和社会保障部。

（3）是否以营利为目的：这个世界上有许多保险公司，有的有上百年的历史，有的设立不久；有的横跨全球，有的深耕当地。但不管怎么说，既然是公司，就必然要以营利为目的。社会保险则不同，像前文讲过的，它的根本目标是保障人民的基本生活，维护社会的和谐稳定，并不以营利为目的。

(4) 保障范围和水平不同：商业保险的保障范围是由当事人和保险公司协商确定的，保险种类非常多。除了常见的险种，我们甚至可以在媒体上看到某歌星为自己的嗓子买保险。至于保障水平，一般与所缴的保险费金额有关，你缴的保险费越高，将来可能获得的保险金也就越高。社会保险则不同，保障范围固定，保障水平也相对基础，保障人民的基本生活。

五花八门的保险世界

我国社会保险的种类大家还记得吗？它们分别是养老保险、医疗保险、失业保险、工伤保险、生育保险。这些保险都很基础，管的是生老病死这些情况。如果你生病了，想用效果好但是价格昂贵的特殊药；年老后还想到处旅行，追求较高生活品质等，这些情况，社会保险是解决不了的。

那么，商业保险又包括哪些种类呢？根据不同的标准，商业保险可以有很多不同的分类，常见的分类标准是，根据保险标的商业保险被分为三大类：人身保险、财产保险、责任保险。

人身保险

人身保险，顾名思义，就是以人的生命或身体为标的的保险形式。人身保险可以再细分为3类：人寿保险、人身意外伤害保险、健康保险。这3类和我们每个人都息息相关。

人寿保险

人寿保险是一种非常普遍也非常有意义的保险，因为任何人都无法规避死亡。

人寿保险和人的寿命挂钩，一旦被保险人在保险合同期内死亡，保险合同的受益人就将获得保险金。受益人可以是被保险人的配偶、子女、父母，也可以没有亲缘关系，只是被指定的某个人。

通常，保险经纪人或者代理人会建议为家中的主要收入承担者购买人寿保险。因为一旦这个人发生意外死亡，家人要面对的不仅有精神上的巨大悲恸，还有生活来源中断的实际困难。

以我为例，我也有为自己购买人寿保险。在这份保险中，我是投保人，因为是我花钱买的保险；我自己也是被保险人，我的生命就是保险标的；而我的丈夫和女儿们是保险受益人，一旦我死亡，他们就将获得保险公司赔付的保险金。

人寿保险的保险金有多少呢？从几万元到上亿元都有可能，完全取决于在投保时和保险公司的约定以及你所支付的保险费。

第七章　保险，保不时之风险

人身意外伤害保险

人身意外伤害保险，是指在被保险人遭受意外伤害致残或者死亡时，由保险公司按照约定向被保险人或受益人给付保险金的保险。意外伤害是指那些外来的、突发的、非本意的，并且是非疾病的使身体受到伤害的客观事件。投保之后，一旦和保险公司约定的那些意外事件发生，保险公司就会赔付保险金，用来给被保险人治病，有时还会赔付其因为受伤住院不能工作的经济损失。

寒假时，肖筱白带着夏河薤和肖苒去普吉岛旅行。出发前，旅行团让他们分别签署一份"人身意外伤害保险"的合同。夏河薤看见后有些紧张，问道："舅舅，你要带我们去什么危险的地方吗？为什么还要签这样的东西？"肖筱白哈哈大笑，答道："我们这次去海岛旅行，要坐船，坐海上飞机，理论上都存在风险，所以需要购买人身意外伤害保险。不过你放心，我一定会照顾好你们的，有危险的活动咱们都不参加。保险，保险，就是保不时之风险嘛。"

生活中，风险无处不在。我们偶尔会去一些陌生环境，比如像肖筱白一家一样去旅行，或是去偏远山区做志愿者，活动的组织者通常都会要求参与者购买人身意外伤害保险。旅途中，也是风险高发的阶段。当你坐飞机买机票时，可以留意一下"是否购买航空意外险"的选项。即便你哪儿也不去，待在自己熟悉的生活环境里，也同样可以选择购买人身意外伤害保险。毕竟，像大风刮落高楼上的广告牌砸伤路人这种事情，也是有可能发生的。

健康保险

寿终正寝，或是因为意外导致死亡、伤残的情形都在人身保险的保障范围内，那要是生病了呢？这件事发生在普通人身上的概率，感觉比意外伤害要大得多。没错，人身保险的第三大类，就是健康保险。健康保险包括的种类也不少，比如医疗险、重疾险、收入保障保险等。

生活中最为常见的就是医疗保险。商业医疗保险和社保中的医疗保险本质上是类似的，但商业医疗保险保障的范围要比社保里的医疗保险更广，保障的程度也更高。相应地，购买商业医疗保险需要花的钱也更多。并且，和其他商业保险的逻辑一样，你支付的保险费越高，将来有可能获得的保险金才越高。

还有一点，社保中的医疗保险是强制性的，每个人都需要缴纳。商业医疗保险则不然，你可以买，也可以不买。反过来说，商业保险公司可以卖给你商业医疗保险，也可以不卖，大家双向选择。为什么商业保险公司会不卖呢？比如已经患有很严重的疾病的人，想用几千元买1年的商业医疗保险，让保险公司把未来看病花的十几万元甚至几十万元的费用都报销了。这明摆着是亏本的买卖，保险公司肯定不同意。

商业医疗保险是基本医疗保险的补充。如果你去商业保险公司咨询商业医疗保险，保险销售员可能会提供许多种方案给你：保险费有的贵，有的便宜；保险范围有的包括门诊费用和住院费用，有

第七章 保险，保不时之风险

的只包括住院费用；有的医药费全报，有的只报销医药费的80%；有的1年可以洗2次牙，有的1年可以配一副眼镜……但几乎所有的商业医疗保险都有以下3个特征。

第一，保险范围有限制。这个一定要看仔细。只有当你和保险公司签订的那个长长的合同里约定的事项发生时，才能获得保险金。比如某人因为减肥而患上了厌食症，花了很多钱看病，却发现这个病不在自己买的那份商业医疗保险的保障范围内，这笔钱一分也报销不了。还有人看病有吃中药的习惯，但是绝大多数的商业医疗保险都不报销中药、中药饮片、中药制剂的费用。

第二，有"底"也有"顶"。绝大多数的商业医疗保险都有"免赔额"的要求。只有当医疗费用超过免赔额的部分，才能按照约定比例报销。如果有保险销售员跟你说，我们的报销比例是100%，千万不要被这个诱人的条件冲昏了大脑，一定要看清楚合同中关于"免赔额"是如何约定的。比如合同里写明"免赔额是10 000元"，就意味着如果你看病的医疗费用为15 000元，那么只有5 000元有机会参与报销。这就是所谓的"底"。很多商业医疗保险还有上限，也就是"顶"，比如说保险期内手术费用最多报销10 000元，门诊等费用最多报销5 000元。超过的部分还是要自己承担。

第三，存在"等待期"。商业医疗保险通常都是一年一年买。但是，你在保险合同上签字的那天，往往并不是你保险期起算的日子，还需要度过一个等待期。等待期又叫"观察期"，这段时间内发生事故，保险公司是不会理赔的。为什么会有这样的安排呢？其实是保险公司为了防止有人骗保。比如说张三最近身体不适，检查后得知自己已经患上了某种恶性疾病，治疗费用要数十万元。他于是去保险公司花 8 000 元买了一份商业医疗保险，却没有如实告知保险公司自己已经罹患疾病的事实。在这笔交易中，保险公司收到了 8 000 元，却可能需要支付数 10 万元，如果人人都这么做，保险公司就开不下去了。如果张三和保险公司签订的协议里有 90 天的等待期，在这份保险正式生效前他的疾病爆发了，必须住院治疗，但因为等待期未满，保险公司无须理赔，因此规避了一次被骗保的风险。这就是为什么保险公司要设置等待期。等待期有长有短，从几十天到上百天都有，大家在购买前一定要仔细确认。

赵钟隐刚买了商业医疗保险 1 个月，有一次饭后和朋友们打篮球，急性阑尾炎发作，去医院手术治疗，事后找保险公司理赔时，被以"保险尚在等待期内，不予理赔"为由拒绝了。

第七章　保险，保不时之风险

读完以上内容，你会不会产生一个疑问：保险是一年一买，那会不会花几千元甚至上万元买了保险，结果这一年什么大病也没有，就头疼脑热之类的病在门诊看了，花了几百元，还在免赔额范围内不给报销，这笔保险费岂不是白缴了？

如果你有这样的疑问，那说明你理解了保险的真谛。就像前文说的，保险，保险，保不时之风险。买保险，不是花出去一笔钱就一定要拿回来一笔钱，或者换回来一些服务。很多时候，买保险就是买个心安。无论是人寿保险、人身意外伤害保险，还是健康保险，即便有可能获得保险理赔，谁也不希望这些事真发生在自己或亲人身上。

财产保险

财产保险在生活中很常见。它是指投保人向保险公司支付保险费，保险公司按照保险合同的约定，对所承保的财产及其相关利益，因为遭遇自然灾害或意外事故造成的损失而承担赔偿责任的保险。

说起来可能有些拗口。可以简单理解为，财产保险就是保财产的，和人没关系。属于财产的有房子、车子、珍贵的珠宝、艺术品等，其中最常见的应该就是车辆保险。

车辆保险费从几百元到上万元不等，保障范围自然也有大有小。一旦车子被盗、被撞、被剐蹭、被水淹、被石子撞碎玻璃等，都可以潇洒地说一句"走保险"。如果投保人一年中对某项损失申请过理赔，第二年续保险时，保险费就会升高。

为什么呢？因为投保人已经让保险公司理赔过一次了，保险公司再卖给投保人保险时肯定要涨价。如果投保人一年中一次理赔都没有申请，这一年的保险费虽然"白交了"，但通常第二年的保险费就会打折。这个逻辑，和商业医疗保险是一样的。

> 你有没有发现一个很有趣的现象：给汽车每年买保险，即便从来没理赔，大家也都习以为常；给自己和家人买商业医疗保险，一想到一年可能也用不了一回，就常常觉得不划算。这是为什么呢？

还有一种常见的财产保险是房屋保险。比如房子突然着火了，或者刮了一夜的风把院子里的树刮倒了，正好砸在房顶上使房子损毁，这些都有可能是房屋保险的理赔范围。当然，在买任何一种保险之前，你都要仔细研究它的"免赔事项"。我们可以主动放弃对某些风险的保障（这个世界的风险太多了，没有任何一种保险可以百分之百覆盖），但不要稀里糊涂地当"冤大头"。

还有，在购买房产申请按揭贷款时，有的银行也会要求给房屋上保险。其中的道理是：你申请贷款时，把房子抵押给银行了，如果你家的房产有所损毁，相当于银行的抵押品有损失，那相当于给银行增加了风险。如果买了保险，就意味着把风险转嫁给保险公司，如果出了问题，银行和你都可以去找保险公司理赔。

责任保险

责任保险，有时又被称为"第三者保险"。所谓第三者，是指

第七章 保险，保不时之风险

并非买卖保险的双方当事人。那么，为什么要为还不确定是谁的某个人买保险呢？这是因为对未来某个不确定的第三者造成的损失，是由受保人的行为导致的，受保人有责任对这个第三者进行赔偿。这种损害有可能是针对第三者的人身伤害，也有可能是针对第三者的财物损失。

生活中最常见的责任保险就是我们常说的"交强险"，全称为"机动车交通事故责任强制保险"。它属于广义上的第三者责任险。这个保险是国家强制每个车主都必须买的保险，不买的话会被处罚。这个保险的保障范围是什么呢？就是交通事故中受害人的损失。

肖苒取得驾照后的第一周，因为尚不熟练，在驾驶途中不小心撞上了路边的水果摊，摊主被撞成了轻伤，刚刚上货的几大箱新鲜水果也全部损坏。经过交通事故损失鉴定，肖苒负全责，他需要支付给摊主医疗费、误工费、财务损失费共计5万元。肖苒还没开始工作，没有存款，他只好硬着头皮去找爸爸。肖筱白告诉他，他还可以去保险公司申请理赔，因为自己每年都会给这辆车买"交强险"。

这个案例里，水果摊主就是无辜的"第三者"，好端端遭遇"飞来横祸"。在一些性质更严重的交通事故中，比如造成第三者死亡等，交通肇事人很多时候自己也会受到严重伤害。这样的情形下，很多人自顾不暇，没有能力对第三者或其家庭进行赔偿，保险公司在这时就发挥出至关重要的作用了。

221

开家保险公司吧

有人说，开保险公司是世界上最赚钱的买卖。这种说法也有道理，因为那些全球连锁的"大到不能倒"（Too Big To Fail）的保险公司的市值都高得吓人。可是，为什么也会有保险公司经营不下去，破产倒闭呢？

让我们一起去看看保险公司运营的奥秘吧！

表 7.1　按照 2020 年市值排名全球十大保险公司

排名	公司	市值（亿美元）
1	伯克希尔·哈撒韦公司	5 436
2	联合健康集团	3 327
3	中国平安	2 263
4	友邦保险	1 485
5	中国人寿	1 389
6	德国安联	1 016
7	信诺保险	737
8	安达保险	694
9	安森保险	603
10	法国安盛	574

王小浪的商队发展到 1 000 多人时，发生了一件让他烦心的事。按照之前的约定，商队会员每人每年交 100 贝币，这期间，谁的货物损失了，他可以获得 1 000 贝币；谁丢了性命，他的家人可以获得 3 000 贝币。不承想，1 个月前，商队在沙漠里遭受了一次前所未有的大沙暴，1/4 的队员的货物都损失了，还有 4 个人丢了性命。

第七章 保险，保不时之风险

王小浪算算账，突然发现收来的钱不够赔了。

王小浪已收保险费：100×1 000＝100 000 贝币。

王小浪需支付保险金：250×1 000＋4×3 000＝262 000 贝币。

这可如何是好！问题出在哪儿呢？王小浪回家后愁眉不展，他媳妇董小妹听明原委，摘下围裙对他娓娓道来："小浪，咱们本来是想做好事，但这样下去，好事做不成还落人埋怨，说到底，是你没算清楚账。我问你，商队跑一趟，是丢性命的概率高，还是丢货物的概率高？"

小浪不假思索地回答："当然是丢货物，不论是遇到沙暴还是盗匪，绝大多数情况都是货物受损，要人性命的毕竟是少数情况。"

"那我再问你，货物损失，是全都没有了，还是部分没有了？"小浪回答："这个要看情况，全没了的是少数。"

"这就对了。既然丢货物的概率高，咱就应该把丢货物的赔偿金额降低一些；丢性命的概率低，咱就把丢性命的赔偿金额提高一些，否则根本算不过来账。另外，既然货物丢的有多有少，那么赔偿金额也不该以1 000贝币一概而论。应该根据财务损失的不同程度，设计出不同的赔偿标准。这样才能长久地经营下去。"

董小妹很聪明，她说的这番话，就涉及现代商业保险业里重要的内容之一——精算。商业保险公司是以营利为目的的，也就是说，如果总是赔钱，它就开不下去了。赔钱还是赚钱，很大程度上取决于保险公司的精算师根据事故的发生率、保险公司未来可能的收益，最终测算出的保费的定价。精算师算得好，保费价格定得好，开保险公司就是赚钱的。反之，算得不合理，保险公司就有可能亏钱。

听了董小妹的建议后，王小浪产生了一个大胆的想法，说道："小妹，你这么有头脑，不如把这件事当个生意做起来。往后不光是我们商队，其他商队的队员也都可以来你这儿买保险，这个市场很大呢！"董小妹觉得丈夫说得有理，小浪既管商队又卖保险，会被人质疑有私心或者不公平。把这块业务剥离出来独立运营，也更容易扩大规模。毕竟保险这件事，规模越大越容易赚钱。

于是，董小妹的幸福保险公司就这样诞生了。她根据不同类型的损失，调整了赔偿标准，也重新制定了保险费。客户可以选择3种缴费标准：50贝币、100贝币、300贝币。缴纳50贝币的人，只有在货物全部损失时才可以获得赔偿，最多赔偿500贝币。缴纳100贝币的人在货物损失后，将根据实际损失获得赔偿，最多赔偿1 000贝币。缴纳300贝币的人，在旅途中丧命后，其家人可获得5 000贝币的赔偿。

幸福保险公司运营了一段时间，董小妹发现，50贝币的保险和100贝币的保险都卖得不错。有人觉得旅途中货物有点损失很正常，只要不是全部损失，还是承担得起的，宁可平时少交点钱，50贝币就可以了；也有人觉得正因为旅途中经常损失货物，每年多交50贝币，不论货物损失多少都有得赔，这才让人心里踏实。怎么想都没错，适合自己才最重要。唯独300贝币的"保命险"卖得不怎么样，董小妹问了许多客户，大家都说："虽然生命是最宝贵的，

第七章 保险，保不时之风险

但旅途中丧命毕竟是小概率事件，1 年交 300 贝币，可能一辈子也用不上一回，就有些不划算了。董小妹觉得大家说得有道理，她想了一夜，第二天公布了一个新方案：

> 从即日起，客户每年交 300 贝币买"保命险"，连续缴纳 10 年，在此期间，倘若身故赔偿 6 000 贝币，倘若未发生理赔事件，到期后将分 3 年返还已经缴纳的 3 000 贝币。

这个方案听起来两全其美。丧命是小概率事件，一旦发生，可以获得比已经支付的保险费多很多的保险金；如果始终没有发生，还能原封不动地把已经缴纳的所有保险费拿回来，何乐而不为？

这个保险很快就卖出了许多份，除了各商队的队员，普通老百姓也都来买。因为大家都觉得它两全其美，就亲切地称之为"两全险"。王小浪听说后吓了一跳，慌慌张张地去找董小妹，问道："你这不是在做亏本买卖吗？出了事，要赔那么多，不出事，还要把钱都退给大家，你，你，你，脑袋进水了吗？"

董小妹气定神闲地回答："你真当我傻啊，我算过账了。首先，我这两全险，只卖给 40 岁以下的人，根据数据统计，这个年龄段的人，10 000 个人里平均每年只有 3 个人会非正常死亡。也就是说，10 年内，我有可能总共需要赔偿 6 000×3×10 = 180 000 贝币。但是这 10 000 个人，10 年我能收 300×10×10 000 = 30 000 000 贝币。你知不知道，现在有很多开公司的、做买卖的都来找我借钱，每年收 3%的利息没问题。3 000 万贝币，1 年光利息收入就是 90 万，10

年就是 900 万。我赔掉 18 万贝币，再扣除掉幸福保险公司的日常开支，10 年赚五六百万贝币绰绰有余。等 10 年后，我把这 3 000 万贝币还给投保人，还是分 3 年还，这期间还能接着挣利息。这哪里是亏本的生意呢？这叫'借鸡生蛋'，是世界上最好的买卖！"

董小妹真是聪明，她说的正是保险公司运营的核心原理。当然，现实生活中要复杂得多。这么赚钱的买卖，为什么还会有保险公司破产呢？大致有 3 个因素。

第一，精算师算得不准。如果保险公司的精算师们算错账，把事故发生的概率预估得太低，导致保费定得太低，保险金又定得太高，就使得成本增加了很多。

第二，公司的运营效率不高。保险公司的员工通常都很多，上万人都很普遍；在网络、机场广告牌、杂志中，也能经常见到保险公司的广告；城市里醒目的高楼大厦，许多保险公司一租就是几十层，这些都是运营成本。如果保险公司的运营效率低下，也不容易赚到钱。

第三，竞争激烈。竞争在各行各业都存在，但保险业是以规模优势取胜的，所以更加明显。竞争的公司太多，每家都拼命压低保险费、提高保险金以吸引客户，利润空间被压缩得越来越小。再加上市场有限，公司数量增加，每家分到的客户有限，如果无法形成规模优势，保险公司的经营自然也就越来越难。

保险公司一旦破产，会引发非常严重的社会问题。因为它涉及的人太多、金额太大，还都是关乎生老病死这样的关键问题，所以，世界各国政府对于谁有资格开保险公司，都有相当严格的要求。虽然这或许是个很赚钱的买卖，但一般人根本没有资格干。

为了避免社会剧烈动荡，保险公司规模一旦大到一定程度，即便发生极端事件运营不下去，政府也不会眼睁睁地看着它破产，反而会尽全力帮助公司活下去，或者使它被别的公司收购，确保成千上万份保单不受影响。这就是我们常说的"大到不能倒"的保险公司。

买保险算投资吗

我们先来回顾一下投资的概念，简单来讲，指通过理性分析，将资金投入那些预期有所增长的标的，以求在未来得到收益。很明显，买保险的根本目的并不是"拿钱生钱"，而是保障不时之风险。

拿董小妹的"两全险"来举例，如果商队队员在保险期内死亡，虽然他的家人得到了6 000贝币的保险金，但这绝对不是他主观上愿意用生命换取的（如果有人不想活了，伪造成意外事故以期得到保险金，这属于骗保，是违法的）；如果他在保险期内没有发生意外，10年后拿回3 000贝币保费，甚至有的保险公司还会给付一些额外收益，这也并不符合投资"拿钱生钱"的初衷。

那么，为什么常常会有人把"买保险"和"投资"混淆呢？

随着保险行业的不断发展，保险公司陆续开发出许多理财型保险。这些险种通常同时具备两种功能：第一，提供一定的保障功能，这当然是保险公司传统的"看家本领"；第二，具备获得收益的功能。除了提供传统赔付保障外，还能让客户缴纳的保费产生一定的投资收益。

这种保险听上去很有吸引力，能在一定程度上保障人身、财产之类的潜在风险，保费还能产生一定的投资收益，即便"意外事件"没有发生，也不用担心保费"白缴了"。

正是因为这个原因，国内理财型保险产品占据了相当大的寿险市场份额。那么，和理财产品相比，理财型保险除了前边讲的基本特征上的区别，还有哪些特征呢？

（1）投资期限不同。理财产品多以中短期为主，如1年、3年等，长期产品整体比例不高。理财型保险则偏向中长期，一般是几年甚至是几十年的投资期限。

（2）流动性不同。理财产品通常也有固定期限，但很多可以提前赎回，赎回时的损失相对较小，通常是利息损失或交易费用的损失。保险提前赎回则被称为"退保"，损失相对较大。

（3）缴费方式不同。理财产品通常是一次性缴费，不存在后续追加投资的硬性要求。理财型保险里的很多产品，除趸缴（即一次性缴费）外，会要求定期缴费，如果没有持续缴费的能力，可能会导致保单脱退产生损失。

肖筱妮带女儿夏河蕤去保险公司买商业医疗保险，客户经理热情地接待了她们，等她们买完医疗保险后，又拿出了一本精致的宣传册向她们介绍。

"肖姐，这是我们公司最新推出的保险产品——'成才尊享'，很适合您买给女儿。您女儿学习这么好，将来肯定要读研究生，学费一定要提前规划！您现在存入2万元，以后每年存1万元，存10年，总共投资11万元，18年后，我们会一次性将您投资的11万元全部返还，还有额外的分红收益，从5万元到9万元不等。这样既能保证您女儿将来读书的学费不会在这些年里有什么意外损失，还能赚将近一倍的回报！"

肖筱妮想锻炼下女儿的财商思维，转头问道："河蕤，你觉得这个保险如何？"

夏河蕤仔细阅读了产品说明书，认真回答："我觉得，这个产品大致有三个特征。第一，专款专用。为防止有的家长没有做好规划，因为种种原因，孩子要上大学时却没有攒足学费和生活费，导致学业受影响。所以要求家长每年存钱，有点'强制储蓄'的意思。第二，流动性不高，这款产品本金支取的灵活性很低，如果要提前用钱，不但未来没有分红，本金也不能全部退回。这样做当然也能更好地保障专款专用。第三，具备理财功能。这款产品分红从5万元到9万元不等，我刚才用计算器算了算内部收益率（IRR），年化收益率为2.7%—4.3%。看上去不太高，但因为是复利增长，收益还算稳健。"

客户经理冲夏河薙伸出大拇指，赞道："小妹妹真不简单，没错，你很好地解释了'成才尊享'的几大特点，唯一还需要补充的是，这毕竟是理财型保险产品，所以它还兼具保障功能。一旦投保人在等待期后身故、全残或首患合同约定的重疾，便可免交剩余费用，孩子享受的保障不变。当然，这种情形我们谁也不希望发生，但这对未成年人的成长和教育来说，无疑多了一重保障。"

第七章 保险，保不时之风险

通过这个故事你应该对理财型保险有了比较清楚的认识。现实生活中理财型保险产品看起来可能会更加复杂，但你不用"头晕"，万变不离其宗，一切从自身需求出发，抽丝剥茧，看清楚产品的本质到底是什么。

绝大多数的理财型保险，因为要兼顾保障功能和投资收益，大家对它的收益率不要有过高期待，具体是什么水平的回报率，你可以自己算一算。

第八章
丛林世界的守护者

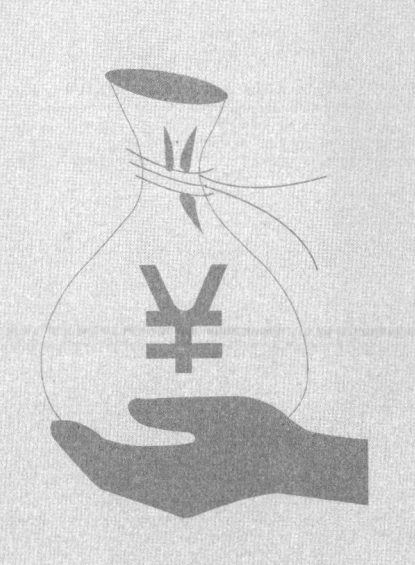

第八章　丛林世界的守护者

现代社会像一个丛林世界。你知道丛林法则是什么吗？没错，弱肉强食。那么，我们现代社会呢？人类社会是地球目前可知的最为高阶的文明。这个"高"不仅仅是指它创造了有史以来最多的财富、发明了最先进的科学技术，更重要的是，它拥有更高级的价值观。与丛林法则相反，文明的标志是平等、自由、民主；是保护弱者、保护少数人的利益；是创造并维护丰富多元的文化。拥有权力和财富，并以此为手段垄断更多的社会资源，这是典型的丛林价值观。而比较酷的做法是，用智慧和能力守护原本脆弱的文明，保护弱势群体的利益，让这个世界变得更和谐、更美好。

在金融世界里，同样有人从事这样的工作，他们是这个丛林世界的守护者，维护生态平衡，促进和谐发展，减少弱肉强食的现象发生。他们中的很多人，有着非常厉害的专业能力，有着丰富的经验和智慧，但他们并不以此去攫取更多的财富。相反，他们每天坚守自己的岗位，从事看似平凡单调的工作，其实是在奋力拉住缰绳，让欲望这匹野马不要跑得太快，不要把文明这辆车拉下悬崖。

这些"大侠"到底是谁呢？就是我们通常所说的金融监管机构。

离钱越近的地方，越考验人性

你可能从来没接触过金融监管的概念，但是诸如"美联储""证监会"这样的名字，你也许并不陌生。它们就是美国和中国针对金融行业的监管机构。

为什么国家没有设立专门的机构对随处可见餐厅、服装店、超市的日常经营进行监管？而为什么针对金融行业，有那么多从国家到地方的"监督委员会"，并且还进行领域细分，如专门管保险业的、专门管银行业的、专门管证券业的，甚至还有许多国家间的法律法规和组织，对国际金融行为进行监督管理？

关于是否需要金融监管这件事，不同的经济学派有不同的观点。

有的经济学家认为，金融行业不需要额外监管，和其他行业一样，依靠市场自由调节就行，出了问题可以通过法律渠道来解决。政府干预太多，金融行业就会失去活力，反倒阻碍社会经济的发展。

也有很多经济学家认为，金融行业与别的行业不同，有其特殊性，它关系到国计民生，贯穿社会的各个组成部分，牵一发而动全身。必须要有体系化的监管机构和监管措施，才能在问题发生前有效预防。等真出了问题就来不及了，它会把一个国家，甚至全球的经济都带入深渊，进而影响到全球老百姓的日常生活。

听起来，他们说得都有道理。那么，让我们先来看看全球历史上发生过怎样的故事吧。

"古典自由主义"的狂欢

1918年，第一次世界大战结束，欧洲许多城市被战火夷为平地。而远在数千公里之外的美国，不仅躲过了这场战争，还吸纳了许多为了躲避战火从欧洲涌入的资金、人才、技术，成了第一次世界大战最大的受益者。无论是欧洲大陆的重建需求，还是美国国内城市化与工业化的建设需求，甚至是许多新兴技术，比如汽车、家电等大规模商业化应用，都使得美国经济在战后快速崛起。

1920年左右的美国，市场经济快速发展，社会百废待兴，也涌现出许多新兴商业模式。到底该不该管？怎样管？政府也没有定论。因此，那时的美国商业社会有很多规则是不清晰的，就是我们通常所说的"灰色地带"。

作为新古典主义经济学的践行者，当时执政的美国总统约翰·卡尔文·柯立芝（John Calvin Coolidge）推行"小政府、大市场"的市场经济模式，就是政府要尽量避免干预市场，让市场自我发展、自我调整、自我纠偏。柯立芝这种无为而治的政治主张在20世纪20年代对美国经济无疑起到了助推作用。市场蓬勃发展，经济空前繁荣，物质极大丰富。不仅如此，自由的氛围使得那个时代的科技、艺术和文化迸发出前所未有的活力和创造力。因此，美国20世纪20年代也被称为"咆哮的二十年代"（Roaring Twenties）。

想要对那个时代有更加形象立体的认识，可以阅读《了不起的盖茨比》（*The Great Gatsby*），这是美国著名作家菲茨杰拉德（Fitzgerald）于1925年出版的一部中篇小说。感兴趣的话，也可以看看2013年由莱昂纳多·迪卡普里奥（Leonardo Dicaprio）主演的同名电影。整个电影充满着流光溢彩、纸醉金迷的元素：华服、美酒、舞会、财富。这正是"咆哮的二十年代"的真实写照。然而这一切，在1929年戛然而止。

1929年10月24日星期四，华尔街股票市场暴跌，并且这种趋势一直持续了将近一个月，最终导致美国股市崩盘。这次股灾不仅为经济衰退敲响警钟，同时也标志着全球的主要经济体一起步入"大萧条"。"大萧条"对发达国家和发展中国家都带来了毁灭性打击，人均收入、政府税收、国际贸易都全面受挫，全世界失业率飙升。第一次世界大战后的黄金十年迅速拉上了帷幕。国家经济没有出路，老百姓生活品质直线下降，这在很大程度上为第二次世界大战埋下了隐患。

那时全球的政商界领袖都在思考：原本蓬勃发展的经济为什么一夜之间急转直下，后继乏力？

首先，任何经济趋势的改变都不是一夜之间发生的，在暴跌之前，市场会给出很多信号，只是在普遍乐观的情绪下，这些信号往往被忽略了。其次，几乎所有的经济学主张都有其两面性，没有任何一种政策可以永远促进经济的发展。柯立芝政府倡导的

第八章 丛林世界的守护者

"无为而治"的经济主张，的确成就了美国经济快速发展的"咆哮的二十年代"，但由于长期缺乏监管，过度放任，市场也出现了很多的问题。

20世纪30年代的"大萧条"到底是如何发生的？为了便于大家理解，我们可以回到四方村，简单地再现一下当时市场上可能出现的情景，当然，真实情况可比这复杂得多。

王大爷和李三娘退休后不甘心每天待在家中，决定去西街摆摊。王大爷卖精工小刀，每把1贝币；李三娘卖手工棉鞋，每双1贝币。摆了一周的摊，生意不好不坏，李三娘想了个解闷儿的办法：她用1.5贝币在王大爷那儿买了把小刀，又让王大爷花1.5贝币从她这儿买双棉鞋，两人不赚不亏，跟从前一样，就图个高兴。

赵二狗正好从摊子旁经过，精明的他看见李三娘他们的交易，心里一惊。小刀和棉鞋上周还卖1贝币，这周就涨到了1.5贝币，照这个趋势下去，靠倒卖小刀、棉鞋就能赚钱。赵二狗二话没说，一口气买了10把小刀、10双棉鞋，准备等李三娘和王大爷再涨价时，便宜卖出这批货。

小刀和棉鞋1贝币时没什么人来买，涨到1.5贝币时却多了不少买家。买货的人并不是自己需要小刀、棉鞋，而是把它们当作一种投资，或者说投机，大家都是买涨不买跌。明白了这个道理，李三娘和王大爷一合计，准备下周再涨0.5贝币，这样参与这个游戏的人就会越来越多。最终受益的除了他们，还有投机成功的赵二狗。

普通老百姓并不明白这其中的道理，只看到这两种商品一直在涨价，就纷纷出资购买（从现在开始，请你把它理解成两只股票或者某种数字货币）。王小浪按照每把1.8贝币的价格从赵二狗手中买了10把小刀，等第二周王大爷把小刀单价格涨到2贝币时，他沾沾自喜，觉得自己做了个很不错的投资。这时市场传来消息，金融大亨钱贝贝非常看好棉鞋、小刀的后市发展，自己也收购了许多。西街老百姓沸腾了，纷纷上街采购，很多人手头现金不够，银行家赵二狗在街上支起个摊子，借钱给钱不够的老百姓买货，也就是俗称的放贷。

这时，棉鞋、小刀的单价已经涨到了3贝币。西施准备买100双棉鞋作为投资，但她手头只有50贝币，于是从赵二狗那里按照每周10%的利息借来250贝币。她算了笔账，只要棉鞋按照之前的规律在下一周涨到3.5贝币，她卖了这些货能得350贝币，还了借来的250贝币本金和25贝币利息，还剩75贝币，相当于自己只用了50贝币，一个星期就赚了25贝币，这杠杆用得真是绝妙！

西街上，像西施这样的老百姓有很多，大家都纷纷借钱炒货（股、币）。然而，突然有一天，棉鞋和小刀的价格不再上涨，反而一泻千里，一口气跌到1贝币。这其实很正常，因为棉鞋和小刀本来也就只值这么多钱。苦的是西施这样的老百姓，不但赔光了所有本金，还欠了一屁股债，房子车子都卖了还债还是还不清。

这样的人太多了，赵二狗的贷款生意（银行）也受了重大影响。他借给大家的钱，并不全是他自己的钱，还有很多其他老百姓存在他那里的钱。这下贷款都变成了"坏账"，赵二狗拿不出钱还

第八章 丛林世界的守护者

给他的出资人，只好宣告破产。

这下影响太大了，许多原本老老实实存钱的老百姓，也因此蒙受了重大损失，全西街都陷入金融危机。有件事大家想不明白，像钱贝贝这样的金融大亨都看好小刀、棉鞋的未来，怎么会说跌就跌呢？他们哪里知道，钱贝贝向公众说那些话，就是为了市场有更多的参与者进入，好让他自己迅速出货赚取差价脱身。最终，这些信息完全不对称的老百姓蒙受巨大的损失。

真实世界里的金融危机，比这更加复杂，影响也更深远，无论是1929年的大萧条，还是很多人都还记忆犹新的2008年全球金融危机。

20世纪30年代，当美国经济进入大萧条时期，全社会开始反思。很多经济学家认为，政府应该对市场进行更多的监督和干预。

比如李三娘和王大爷，小刀、棉鞋的价值他们再清楚不过，但为了一己私利操纵市场，最终引发全社会的金融危机，让不计其数的老百姓陷入财务困境，自己却赚得盆满钵满，难道该任由他们这样做吗？比如钱贝贝这样的金融大亨，为了自己出货赚钱，故意利用自己的影响力向市场上信息不对称的普通投资者说某些话，诱导他们入市，难道不需要负法律责任吗？更有甚者，像赵二狗这样的银行或其他金融机构，明知道小刀、棉鞋是投机生意，风险很高，而且那些借款人的房产、存款根本不足以抵偿他们的债务，怎么能为了赚钱向老百姓借那么多钱呢？要知道银行因为其向社会公众吸收储蓄的特殊性，它们面临的风险，很大程度上要由全社会的公民和整体经济来承担，牵一发而动全身。

市场如果没有相应的规则，没有事前的监管，没有事后的处罚，这种事就会源源不断发生。因为对金钱的欲望是人的天性。

比如，时下流行的虚拟货币市场还缺乏相应的法律规范以及全球性的监督管理，就像丛林世界一般，弱肉强食。那些像钱贝贝一样拥有更多资源、信息和影响力的人，能够轻而易举地操纵市场。

经历了20世纪30年代的大萧条，各国政府决定加强金融监管，政治主张从"无为而治"迅速过渡到"政府干预"的阶段。

"凯恩斯主义" 席卷全球

1933年，富兰克林·罗斯福（Franklin Roosevelt）出任美国总统，并连续担任了4届，成为美国历史上唯一连任超过2届的美国总统。和柯立芝的政治主张相反，罗斯福推行"大政府"主义，强调政府对市场的干预作用。

罗斯福上任后，推行了一连串新政以救助失业人群，促进经济复苏，陆续成立了许多机构来改革经济和银行体系。虽然直到第二次世界大战爆发，美国经济仍未能完全复苏，但是罗斯福新政中设立的许多机构，比如联邦存款保险公司（FDIC）、美国证券交易委员会（SEC）等，直到今天仍在美国经济领域扮演着重要角色。

大萧条后，包括美国在内的全球许多国家都开始采取"政府积极干预市场"的政治主张。他们的理论支持，来源于英国著名经济学家凯恩斯。

第八章　丛林世界的守护者

所谓"凯恩斯主义"，是指根据凯恩斯的著作《就业、利息和货币通论》（*The General Theory of Employment, Interest, and Money*）的思想为基础的经济理论，主张国家应采用扩张性的经济政策，通过增加总需求来促进经济增长。

"凯恩斯主义"的核心主张是总需求是经济最重要的驱动力。凯恩斯学派的经济学家们不认为自由市场有自我制衡的机制以促进充分就业，相反，应由政府通过公共政策来适当干预，最终实现充分就业和价格稳定。这一主张在 20 世纪 30 年代到 60 年代风靡全球，影响力持续至今。

"凯恩斯主义"的流行，在那个时代的确对各国经济走出衰退、走向繁荣做出了重大贡献，但正如前文所讲，没有任何一种主张或政策能够永远促进经济发展。到了 20 世纪 60 年代末期，产能过剩、企业低效、失业率高等问题接踵而至，"凯恩斯主义"的局限性也日益凸显。

没有完美的理论，只有变化的时代

任市场自由发展，杠杆率升高、市场过热，会引发全社会的金融危机；政府管控过多，又会导致产能过剩、企业低效，失业率高，市场不景气。

20 世纪 80 年代，罗纳德·里根（Ronald Reagan）担任美国总统期间，再次放松了政府对市场和企业的监管。市场很快恢复了活力，然而这种活力没过多少年又演变成一种破坏力。市场出现很多通过放大杠杆的恶意并购行为，进而引发了20世纪90年代的金融危机，大量金融机构倒闭，对美国和全球经济都造成重创。于是，美国政府又开始加大监管力度，周而复始。

资本具有逐利的天性，哪里有高额利润，它就会向哪里集中。一旦某个领域内的资金、人才越来越集中，竞争就会加剧，它的利润自然也会下降，回归普通水平。于是资本再去寻找下一个能创造高额利润的机会，这就是市场的自动调节。

在这一过程中，政府要扮演好裁判的角色，甚至有时还得充当教练，确保游戏的参与者在相对公平的环境下竞争，不要出现恶意竞争，更不要有违反法律法规的行为出现。

这就像是开车，一味地踩油门，会出车祸；一味地踩刹车，汽车就会停滞不前。想要做一个高明的司机，就得懂得把握时机，该踩油门时踩油门，该踩刹车时踩刹车。这件事说起来容易，做起来却很难。这个所谓的时机该如何把握，是对全球各国政府最大的考验。

那些电影里常见的金融机构

上一节为大家讲解了金融监管的背景和核心逻辑，这一节为大家介绍全球知名的一些金融监管机构。

美联储

大家应该经常听到"美联储"的名字，它是美国联邦储备系统的简称，英文名为 Federal Reserve System。它是全球最有影响力的金融监管机构之一。

美联储就是美国的中央银行体系，根据美国国会通过的1913年《联邦储备法案》设立。它由执行委员会、理事会、联邦公开市场委员会、联邦咨询委员会及3 000多家成员银行组成。

这里有一个很重要的概念——中央银行，简称央行。大多数国家都有自己的央行，例如美国的央行是美联储，中国的央行是中国人民银行。央行不是给大家存钱、取钱、放贷款的银行，总体说来，央行主要有以下职能。

印钞票

书面语是发行货币。前文讲过，钱不是随便印的，更不是随便谁都可以印的。通常，一个国家或经济体，只有央行或者它授权的单位，才可以发行货币。并且，即便是央行，也不能随便印钞：印得太少，市场没有活力；印得太多，又会导致"钱"变得不值钱。到底什么时候印多少钱，才能对市场起到积极的影响，就是通常所说的货币政策。

政府的金融代理人

政府通过税收、出卖土地等收上来的钱交给谁去打理呢？政府发行债券，由谁出面组织这件事情呢？政府和外国政府做生意要用的外国货币（外汇）、黄金，都由谁管理经营呢……这些都是央行的基本职能。

管银行的银行

每个国家有不止一家银行。以我国为例，国有银行有中国工商银行、中国农业银行、中国银行、中国建设银行、交通银行、中国邮政储蓄银行、国家开发银行、中国进出口银行、中国农业发展银行，股份制银行有招商银行、浦发银行、中信银行、光大银行、民生银行等，还有各地的地方性商业银行和农村信用合作社等。这么多的银行都由谁来管理呢？当然就是央行了。

制定金融政策

基准利率、存款准备金，什么时候该升，什么时候该降？都是央行来决定。央行通过货币政策、信用政策，影响商业银行、金融机构的活动，使之适应国民经济发展的需要。

美国证券交易委员会

如前文所讲，美国证券交易委员会正是在"凯恩斯主义"席卷全球的时代背景下，根据《1934年证券交易法》成立的。它是直属美国联邦政府的独立机关、准司法机构，负责美国的证券监督和管理工作，是美国证券业的最高主管机关。

美国证券交易委员会的总部在华盛顿，只要是在美国上市的公共公司，就得接受它的监管。它为了保护普通投资者的利益，随时监督公共公司是否存在财务欺诈、提供误导性信息、内幕交易或者其他各项违反证券交易法的行为。

国际货币基金组织

国际货币基金组织（International Monetary Fund，IMF），1945年12月27日成立，与世界银行同为世界两大金融机构。国际货币基金组织促进全球金融合作，加强金融稳定，推动国际贸易。它负责监察货币汇率和各国贸易情况，提供技术和资金协助，确保全球金融制度运作正常。国际货币基金组织的总部设于美国华盛顿。截至2016年4月，国际货币基金组织共有189个成员国。

除了以上金融监管机构，以下几个机构大家也可能经常看到。

(1) 英国金融市场行为监管局（FCA）：英国金融投资服务行业的中央监管机构，负责监管银行、保险以及投资业务。
(2) 澳大利亚证券投资委员会（ASIC）：2001年根据澳大利亚《证券和投资委员会法》成立，依法独立对公司、投资行为、金融产品和服务行使监管职能。
(3) 瑞士金融市场监管局（FINMA）：瑞士负责金融监管的政府部门，其职能包括监管瑞士的银行、保险公司、证券交易所、证券交易商以及其他各类金融中介。
(4) 日本金融厅（FSA）：为了确保日本金融系统稳定而设立，同时保护存款人、保单持有人、有价证券等投资者利益，促进金融便利。

（5）新加坡金融监管局（MAS）：新加坡的央行，负责推动非通货膨胀下经济的可持续增长，旨在将新加坡建成健全的、蓬勃向上的金融中心。

幕后英雄：咱们国家的金融"警察"

在我国，主要的金融监管机构被大家简称为"一委一行两会"。其中"一委"，是指国务院金融稳定发展委员会（简称为"金稳委"）；"一行"是指中国人民银行，也就是我国的央行；"两会"分别是指中国银行保险监督管理委员会（简称为"银保监会"）和中国证券监督管理委员会（简称为"证监会"）。

这4家机构里，最年轻的是金稳委。2017年11月，经党中央、国务院批准，金稳委成立，在北京召开了第一次全体会议。它的重要职能是统筹金融改革发展和监管，统筹协调货币政策、财政政策和产业政策等，增强监管协调的权威性和有效性等。

年龄最大的是中国人民银行。1978年，中国人民银行从财政部独立出来。1986年，《中华人民共和国银行管理暂行条例》颁布后，从法律上明确了人民银行作为央行和金融监管当局的职责。中国人民银行开始行使央行职能，同时也肩负起对包括银行、证券、保险、信托在内的整个中国金融业的监管职责。

20世纪90年代以来，证监会、中国保险监督管理委员会（保监会)、中国银行业监督管理委员会(银监会)陆续成立,中国金融业逐渐从混业监管走向分业监管。2018年,银监会与保监会合并为中国银行保险监督管理委员会(银保监会)。银保监会的主要职责是依照法律法规统一监督管理银行业和保险业,维护银行业和保险业合法、稳健运行,防范和化解金融风险,保护金融消费者合法权益,维护金融稳定。而证监会的主要职责是依照法律、法规和国务院授权,统一监督管理全国证券期货市场,维护证券期货市场秩序,保障其合法运行。

后记

有人说离钱越近的地方，人性的欲望和弱点暴露得越明显。金钱就像是电影《指环王》（*The Lord of the Rings*）里的那枚魔戒，充满了诱惑。如果你觉得自己抗拒不了魔戒的诱惑，可以选择一辈子躲着它；但是谁也躲不开金钱，任何人都得和它打交道。

不谈它，不正视它，躲着它，绝不是对待金钱的科学态度。相反，我们应该从小就接触它，学习它，了解它内在的规律和逻辑，进而驾驭它，让它为我们创造更美好的生活，为社会做出更多积极的贡献。

在今天这个商业世界里，财商知识对每个人都很重要。如果你仔细阅读了本书的内容，对我们所处社会的最基本的运转逻辑应该已经有了初步了解。

财商学习应该包括世界观和方法论两个部分。心怀梦想的青少年，你们不仅要学习"匡扶正义""兼济天下"的道理，更要学会如何挥动手中的宝剑，如何成为调兵遣将的那个主帅，如此才能最终成为自己心中的"侠"。

无论将来你是否会从事与金融相关的工作，都请你记得下面的话：

面对权贵不谄媚，面对财富不卑微，面对喧嚣不迷茫，面对霸凌不怯懦。这样的骄傲和笃定，是我们终生都该保有的少年模样。

要知道，财商学习的核心，就是让我们在顺境中不贪婪，逆境中不恐惧，这又何尝不是人生的最高境界呢？

未来已来，你准备好了吗？

我在下一站等你。

本书中所涉及的内容，都是财商世界的基础知识和基本原理，并不能作为投资和理财的建议或者依据。就像我在书中反复强调的，没有"最佳"方案，只有"适合"你的方案。希望每位读者都能找到属于自己的答案。